青少年自我完善计划

青少年
阳光心理手册

吴继霞　何雯静　编著

苏州大学出版社
Soochow University Press

图书在版编目(CIP)数据

青少年阳光心理手册/吴继霞,何雯静编著. —苏州:苏州大学出版社,2015. 3
(青少年自我完善计划)
ISBN 978-7-5672-1115-5

Ⅰ.①青… Ⅱ.①吴… ②何… Ⅲ.①青少年—心理健康—健康教育—手册 Ⅳ.①G479—62

中国版本图书馆 CIP 数据核字(2015)第 052614 号

青少年阳光心理手册

编　　著　吴继霞　何雯静
责任编辑　刘一霖
装帧设计　刘　俊
出版发行　苏州大学出版社
地　　址　苏州市十梓街 1 号
邮　　编　215006
电　　话　0512-65225020　65222617(传真)
网　　址　http://www.sudapress.com
印　　刷　苏州工业园区美柯乐制版印务有限责任公司
开　　本　700 mm×1 000 mm　1/16　印张 9　字数 134 千
版　　次　2015 年 3 月第 1 版　2015 年 3 月第 1 次印刷
书　　号　ISBN 978-7-5672-1115-5
定　　价　18.00 元

目录 contents

拥抱阳光

做最好的自己

如何更好地学习

情绪的力量

培养良好的意志力

做人际交往能手

我心中的他/她

那些小办法

拥抱阳光

我认为我能

《I Believe I Can Fly》,你听过这首歌吗?

这首歌是歌手 R. Kelly 在 1996 年为电影《Space Jam》创作的歌曲,R. Kelly 一人完成了作词、作曲、演唱的全部工作。《I Believe I Can Fly》也成了他最伟大的单曲之一。

你可能会说,这是一首很老的歌了。不过有句老话说得好:酒是陈的香。有时候,人生的经历和那些真正能打动你的心的事情也是如此。在这本书开始的时候,我们来思考一个看似简单但不一定每个人都能真正理解的事情:相信自己,相信自己能做到。

从心理学的角度来说,这是一个潜意识领域的问题。你知道什么叫潜意识吗?心理学家弗洛伊德把潜意识比喻为“冰山之下的部分”,那是你平时意识不到的领域,但又无时无刻不在影响着你的意识。你小时候有没有爬过高的地方并试着跳下来?很可能你已经不记得童年时发生的事情。不过我相信多数人会有这样的体验:试着爬上高高的地方,然后做一些现在根本

你知道什么叫潜意识吗？心理学家弗洛伊德把潜意识比喻为“冰山之下的部分”，那是你平时意识不到的领域，但又无时无刻不在影响着你的意识。

不敢做的事情，比如从课桌那么高的地方跳下来。不要觉得这很好笑，因为你要明白，当时的你和现在的你相比，要小很多呢。现在你可以试着想一下，按照身高比例，你现在还敢从相当于当时的你看课桌那种高度跳下来吗？当然会有人回答：可以的！但是我相信很多人仔细想一下那个高度，都会默默地摇头，因为那样做有点危险。“那样做危险”——这就是潜意识告诉你的事情。

现在你可以初步理解潜意识是什么了，它包含一个很宏大的心理成分，并与你的大脑和心灵紧密地结合在一起，无时无刻不在影响着你生活的方方面面。不过对于正在读这本书的你来说，记住潜意识包含了什么并不重要，重要的是，你要告诉自己——我能。你能做到很多事情，你能完成你的期望，通过你的努力，成为你想成就的那个人。

让我们来举一个例子吧！

你可以平地起跳的最高高度是多高？可以试一试，先拿支笔写下所跳的高度；然后请背上你的书包——那重量一定挺沉的，再来一遍。

好了，现在看一下你的记录，可以达到120厘米吗？如果你背着沉甸甸的书包，也可以达到的话，那么恭喜你，运动能力很不错哦！

现在请你设想一下，一个怀里抱着孩子的普通母亲，平地起跳可以达到多高？

这个真实案例会让你大吃一惊。曾经有一个很普通、很平凡的妇人，抱着自己的孩子，走下公交车，即将进入人行道。这时候一辆汽车以很快的速度靠近了她。就在那一瞬间，她平地起跳，一下子就“飞越”了高达120厘米的护栏,抱着孩子进入了安全区域。

你可以在没有助跑的情况下,一下子就跳过120厘米的高度吗?

虽然这个例子属于特殊情况,但通过这个例子可以理解一点:很多时候,人能够完成平时做不到的事情,在强大的信念和意志驱使下,会发生一些可以用“奇迹”来形容的事。相信自己可以,你就真的可以。

先不要急着反驳这句话或是发笑。还记得一开始提到的R. Kelly吗?你可以去“百度”一下他的人生历程,一个在贫民窟长大的街头歌手,是如何取得那么巨大的成就的。虽然有些事情不是每个人都可以做到,但是请相信一点——总有你可以做到的事情,只要你相信自己可以做到。

人物链接

Nick Vujicic,1982年12月4日出生于澳大利亚,天生没有四肢。这种罕见的现象医学上取名“海豹肢症”。不可思议的是:骑马、打鼓、游泳、足球,甚至是高尔夫和冲浪,尼克样样皆能,在他看来没有做不成的事。目前,他拥有两个大学学位,是企业总监,并于2005年获得“杰出澳洲青年奖”。

相信好事会发生

积极心理治疗理论中曾有这样一个实验:实验者们把第一只大白鼠放入一个装满水的器皿中。白鼠在水中会拼命地挣扎求生,它能坚持的时间是8分钟左右。

然后,在同样的器皿中放入第二只大白鼠,

在它挣扎到5分钟左右时，放入一个可以让它爬出器皿的跳板，让这只大白鼠得以活下来。

好几天以后，再把那只曾经大难不死的白鼠放入同样的器皿。你猜猜发生了什么？

这只大白鼠竟然可以坚持24分钟——3倍于正常情况下能够坚持的时间。

实验者们是这样解释这个结果的：第一只大白鼠因为没有逃生的经验，所以只能按着自己本来的体力来挣扎求生。而有过被救经验的白鼠却多了一种精神的力量，它相信在某一个时候，一定会有一个跳板来救它出去。这使得它能够坚持更长的时间，努力地浮在水面上以等待救生的跳板。这种精神力量，就是积极的心态，或者说对一个好的结果心存希望。

你是否有过类似的体验呢？当我们相信自己所做的努力可以获得好的结果时，即使过程依然会很辛苦，我们还是可以很努力地坚持下去，直到最后。

无论你脚下的路有多么曲折，前面的路有多么迷茫，请别放弃希望。内心怀有美好的希望，会让我们在人生的道路上走得更远！

我的梦想

梦想是一颗种子，种下，滋养，静待成长。

“你长大后想做什么？”还记得读幼儿园的时候，每个老师都会问的这个问题吗？

有的孩子会说“我长大了要做一个医生”，又或者“我长大了要当大明星”。当年的你是怎么回答的呢？也许，随着你的成长，你慢慢发现了自己更感兴趣的世界，有了新的梦想和奋斗的目标；又或者，你会自始至终坚持自己的梦想，并努力去实现它。

曾经有这样一个孩子，他出生在家庭教育非常严格的传统家庭里。虽然有五个兄弟姐妹，排行老四的他却总是感到很孤独——小时候的他受到非常严格的宗教教育，家里并不鼓励孩子玩耍和交朋友。那时候小小的、孤独的他最大的梦想就是：我想要好多好多的朋友！

看到这里，你是不是觉得这个梦想有一点奇怪呢？这个梦想既不伟大，也不具体，不是吗？

不过当时的小男孩不这么觉得，虽然这个梦想看起来不太实际，但深埋在了他的心里。很多年以后，这个曾经按照家庭的意愿进入神学院、差点当了牧师的男孩找到了实现梦想的途径——他发现了心理学这门独特的学科。带着童年的期冀，带着对人类自我实现潜能和积极自主的坚信，他开始了一生的事业。在 85 岁辞世那年，他已经拥有了很多很多的知心朋友；而他的事业也造福了很多很多人。有着这个梦想的小男孩，叫卡尔·兰塞姆·罗杰斯。

人物链接

罗杰斯（1902—1987），哲学博士、教授，美国著名心理学家、美国应用心理学的创始人之一，人本主义心理学的主要代表人物。从事心理咨询和治疗的实践与研究，并因“以当事人为中心”的心理治疗方法而驰名。1947 年当选为美国心理学会主席，1956 年获美国心理学会颁发的杰出科学贡献奖，1972 年获美国心理学会卓越专业贡献奖。

梦想可以很高远，也可以很现实，它真正的意义在于指引我们一生前进的方向，引导我们为了更好的明天而努力不懈。在你为了最初的梦想而努力的历程中，你会慢慢发现很多东西、很多事和很多人，帮助你一点一点地接近梦想。

青少年优势探测器

你了解自己吗？你知道自己的优势在哪里吗？

大多数人会认为自己是最了解自己的人。事实上，对于自己，也会有不自知的地方。很多时候，当朋友为我们指出一些性格上的问题时，我们才第一次意识到自己的另外一面。一些你曾经以为自己可能做不到的事情成功了，你才会发现：哇，原来我也可以办到！有句话说得好：不试试，你怎么知道你不行？不过，对自己充分了解的话，可以帮助你更好地“试”，成就更好的你。

请记住，青少年时期是可塑性最强、能力发展最为迅猛的时期。这个时候的你，有着无数的可能和希望。虽然有的同学很清楚自己是一个怎样的人、想要达到怎样的目标，但也许我们还需要对自己了解得更为全面一点——试着发掘你所不了解的自己和潜能。

关于怎么更好地了解自己，有很多种方法，这里为你介绍一种比较简单明了的方法：心理学家约瑟夫和哈利研究出来的“约哈利窗”。他们将“自己的信息”分成了四类：

	我知道的关于我的事	我不知道的关于我的事
别人知道的关于我的事	A	B
别人不知道的关于我的事	C	D

当然了，约哈利窗的使用不完全只是“发现自己”那么简单，你还可以在自我探索之后分析一下自己。A 部分是已经公开的领域，是大家可以看到的，而你也能够看到的你自己；B 部分用“盲点”这个词来形容，是别人眼里的你，或许你并没有意识到，但那也是你真实的一部分；C 部分是隐私，别人不会知道，但你自己是知道的；而 D 部分其实是最值得期待的一部分，里面包含了我们的潜能。

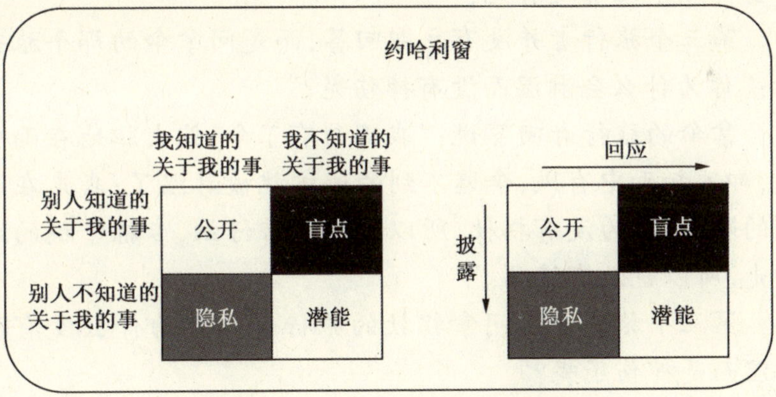

你可以在相应的框格里填写“我知道的……”，再请你的好朋友、爸爸妈妈或老师来填写“别人知道的……”当然啦，如果你比较害羞的话，可以先请朋友填写，然后再来自己补填

完整。当你和小伙伴填满 A、B、C、D 四个框格的时候,再来仔细地查看这张简单的图表。

可能看完后你会发现:

原来我有这种癖好!

朋友眼里的我居然那么厉害!

很多事情原来我是可以去尝试的呀!

……

啊,看到了全新的自我!

心灵故事:三个旅人的雨天哲学

三个旅行者同时住进了一家旅店。早上出门的时候,一个旅行者带了一把伞,另一个拿了一根拐杖,而第三个旅行者什么也没有拿。

在他们出门后不久,一场瓢泼大雨就下了起来。晚上他们归来的时候,拿伞的旅行者被淋得满身湿透,拿拐杖的旅行者则跌得浑身是伤,而第三个旅行者安然无恙。前两个人很纳闷儿,就问第三个旅行者:“你既没带伞,也没有拐杖,怎么会一点事儿都没有呢?”

第三个旅行者并没有立即回答,而是问拿伞的那个旅行者:“你为什么会淋湿而没有摔伤呢?”

拿伞的旅行者回答说:“我因为有了伞,就大胆地在雨中走,却不知雨中有风,伞遮不到的地方就被淋湿了;我走在泥泞的路上,因为没有拐杖,所以走得非常仔细,专拣平稳的地方走,所以就没有摔伤。”

第三个旅行者又问拿拐杖的旅行者:“你为什么没有被淋湿而是摔伤了呢?”

拿拐杖的那个人说:“我因为没带雨伞,只能找那种能躲雨的地方走,所以没有淋湿;但当我走在泥泞坎坷的路上时,我便用拐杖拄着走,却不知为什么频频跌跤。”

第三个旅行者听完后笑笑说:“这就是为什么你们拿伞

的淋湿了,拿拐杖的跌伤了,而我却安然无恙的原因。当大雨来时我在房檐下走,遇到泥泞的道路时我慢慢地过,所以我既没有淋湿也没有跌伤。”

这虽然只是一个小寓言,但其中蕴含着丰富的哲理。许多时候,我们常常因为自身所拥有的优势而忘乎所以,认为有了优势便少了忧患,却往往忽略了一个事实:因为优势,我们少了警醒和戒备,从而把优势变成了劣势。所以我们往往不是跌倒在自己的缺陷上,而是跌倒在自己的优势上。

这就是心理学上讲的“优势效应”,常常是人们的自足和虚荣的心理在作怪。

有些人自以为家财万贯或天资聪颖,所以忽略了后天努力的重要性,最后坐吃山空,江郎才尽,完全是被先天的优势给害了。但也有人变不利为有利,因为不够聪明所以就刻苦用功,因为身体残缺所以就升华灵魂,最终成为成功者。

所以说,“塞翁失马,焉知非福”。当我们拥有优势的时候,要学会居安思危,同时要“看好”自己的优势,充分发挥它的作用,使优势最大化,从而弥补弱势所造成的损失,这样才能用最高的效率取得成功。

做最好的自己

认识你自己

Who am I?（我是谁?）

有一个有趣的心理测验可以帮助我们更清楚地了解自己。美国心理学家库尼和马克帕兰德研究出一种叫作“Who am I”的心理测验方法，要求被测试者做出20种回答。

请在下面每个序号的“我”后面填写答案，按照头脑中出现的先后顺序填写出20种。

1. 我
2. 我
3. 我
4. 我
5. 我
6. 我
7. 我
8. 我
9. 我
10. 我
11. 我
12. 我
13. 我
14. 我
15. 我
16. 我
17. 我
18. 我
19. 我
20. 我

一开始,也许你会很顺利地填写出“我是一个学生”“我爱看电影”等,但渐渐地你会发现怎么也写不出来了。在中途,你也许还会写出自己无意识的愿望和欲求,这时,再回过头来看看前面填写的内容,你会意识到自己想要的是什么,意识到自己处在什么样的位置。

内心深处的你,到底是怎样的一个人呢?

拓展链接:如何在20分钟内弄明白你的人生目标?

“弄清自己想要什么”真的是一个非常复杂的问题,复杂到你无法单纯地借助外界的力量来冲击自己的理智以求获得顿悟。对于有的人来说,童年的经历或者重大的心理影响会直接指引他们前行的方向。如果这个问题对你来说是个难题,不妨试试下面的方法,跟着自己真实的内心去找寻那个可能的答案。

对于这次尝试,你需要准备的是20分钟的时间、一张白纸和一支笔,然后找一个安静的、不受打扰的房间。

第一步:请写下你此刻脑中所有想做的事情、想成为的人。

第二步:你要写的东西是为了解决“如果你明天就要死了,你可以在死之前完成一件事让你觉得有价值,你希望这件事是什么”这个问题。

第三步:检查之前写下的想做的事情是否符合这个条件:它能让你感到深深的触动,甚至感动得可以哭出来。如果不符合,就继续写,任何一个想法都可以写下来,直到符合条件。

这个方法虽然未必能够帮助你一次就发现自己真正想要的是什么,不过可以帮助你知道自己现阶段最想要的是什么。

“我是一个怎样的人”和“我想要的到底是什么”都是我们生命中无法回避的重大命题。然而这些重大命题的答案并不是可以由任何一个人告诉你的——再厉害的哲学宗师或心理学大师都无法告诉你。这个答案只在你心里，当你认真面对自己的时候才可能看到它。所以当你感到无比困惑和迷茫的时候，不妨试一试。

我的年龄阶段

现在请你用计算器进行一次小小的算术练习。

我现在的年龄/80（预期的平均寿命）=？

然后请你用上面的答案再乘以24，你看到了什么？

这个结果是一个时间，一个代表你现在所处的年龄阶段的时间。

如果你现在是15岁，那么，相当于你人生时钟的凌晨4点5分。

可能你会很想笑，4点5分哎，好多人都在睡觉呢！

或许是这样，不过你要知道，4点5分时并不是每个人都在睡觉。清晨5点的时候，马路上会有一群人早已开始一天的工作。他们在每天的凌晨4点甚至更早的时候，就开始了忙碌的一天。这些平时你甚至可能没有注意过的人，每天为你维护清洁的城市环境，为你提供热气腾腾的可口早餐，为你提供一天的新鲜蔬菜、水果和肉类……

曾有记者问篮球明星科比：“科比，你为什么如此成功？”科比反问记者：“你知道洛杉矶凌晨4点时的样子吗?”记者摇摇头。科比:“我知道!”

科比的故事告诉我们:所有的成功,无不饱含着不懈的努力和辛勤的汗水。

人物链接

科比·布莱恩特(1978年8月23日出生),美国职业篮球运动员,自1996年起效力于NBA洛杉矶湖人队。科比是一名得分后卫,同时又具有打小前锋位置的能力。他被认为是NBA能力最全面的球员之一,自从1999年以来每一年都入选NBA最佳阵容,并且在他参加的最近的12届NBA全明星赛(2010、2013赛季全明星赛因伤缺战)中都有不错的表现。2007年,ESPN的体育记者投票评选史上最伟大的得分后卫,科比仅次于乔丹名列第二位。

你现在所处的年龄阶段,真的很美。这个时候的你,有无限的可能。你可以有很多的选择,其中也包括你未来的方向。

你可能会说,好像没什么特别好选的,爸妈都替我选好了,包括我读哪个学校、以后要学什么专业,甚至和哪些人交朋友。我没法选!

在这里要很认真地告诉你,选择是需要基础的。这里以15岁为例。15岁的时候,你的智力水平和情商水平已经接近正常的成年人,当然如果你的早年经历更为复杂一些,这时候的你已经与成年人没有差别。如果有了自己的想法、自己的理想,就可以开始着手积累基础了——包括经验、知识、学识、感受、体验和实践。甚至是更早的时候,只要你能够明白自己想要什么,你就可以开始积累了。明白自己想要什么,为之努力,向爸爸妈妈证明你的思路是

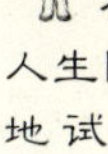

在这个美丽的人生阶段,请认真地试着认识你自己,了解你自己,确立自己的人生目标和理想,并且为之努力——这会让你的人生充满精彩和绚丽。

如此的清晰、实现自己理想的准备是如此的充分，从而为自己的未来做决定——看起来是不是很酷？

我的身体

身体是一个很复杂的概念，不仅包括生理基础，也包括心理方面的认知。青少年时期是人生中第二个高峰阶段。第一个阶段是婴幼儿时期。在青少年时期，我们的身体会发生巨大的变化，这些变化甚至会让你措手不及。

身体是一个很复杂的概念，不仅包括生理基础，也包括心理方面的认知。在这里我们并不准备重复你的生理教科书和你自己能找到的发展类书籍上的内容，而是换个角度，一起思考一些新问题。

青少年时期是人生中第二个高峰阶段。第一个阶段是婴幼儿时期。在青少年时期，我们的身体会发生巨大的变化，这些变化甚至会让你措手不及。虽然多少有那么一点不好意思，但你可能时不时地就在和周围的小伙伴做比较：哎呀，为什么他/她和我看起来不太一样呢？甚至还经常会琢磨一件事情：我正常吗？

这是很多青少年以不同形式一问再问的问题。这个问题通常包括：

◇ 你和朋友比较彼此的生长及发育情况；

◇ 你不是很喜欢自己的长相；

◇ 你担心自己对父母爱恨交加或心情时好时坏是不是不正常。

如果你曾担心过“为什么他/她和我不一样”或是“我正常吗”，那么你并不孤单！

第一个问题：为什么他/她和我不一样？

首先，这是由生物因素影响的：男生的发育速度和女生是有差距的。女生开始发育的时间略早于男生，一般会提前一年左右；男生开始发育时间虽然略晚于女生，但在整个发育期，总体发育速度快于女生。男生在初中时通常比女生矮，因此常常担心自己会不会永远长不高；而女生中有的在小学三四年级看起来就像个青少年，有的上了高中看起来却还像个小孩。这些都是正常的。

每个青少年的生长发育情况都不相同，这至少有一半取决于你的遗传基因。如果愿意的话，你可以问问你的爸妈青春期的生长情况，就可以对自己是否正常有个大概的了解了。看看你周围的小伙伴，也可能发现一些很重要的相似点。身为21世纪的青少年，你的发育也与父母那个时期的青少年不尽相同。有数据表明，随着现代人健康与营养水平的提高，男生和女生的生理都提早成熟了。有的孩子甚至早在小学高年级就会开始出现青春期的变化。

第二个问题：我正常吗？

你会发现自己开始明显地长高了——这是青春期早期的主要现象，女孩发生在11到13岁之间，而男孩一般在12到15岁之间。青春期的生理发育影响到骨骼和肌肉的所有方面，甚至包括眼睛——事实上，大多数人都是在这一时期出现近视的。这时候的男生和女生会发现，除了长高之外，自己的身体也开始慢慢地发生变化。除了外貌和声音方面的改变外，内分泌系统与生殖系统的成熟会给女生带来周期性的生理反应，也会给男生带来特别的体验。

当你发现令人惊讶的改变时，可以试着和爸爸妈妈或自己信赖的人交流，当然还可以进行相关的阅读以帮助你更好地理解自己的改变——你得明白，改变是必然的，你要学会慢慢接受“自己在长大”这个现实，并接受改变给你带来的具体变化。

伴随着进入青春期的生理变化，你会发现自己慢慢开始在意外表。例如，自己会不会显得太胖、太瘦、太高、太矮或是否有吸引力？这时候的你会开始很在意自己在小伙伴中的形象，也开始在意自己在异性面前的表现——大多数小学生是不会为了“今天的发型看起来怎么样”这个问题而纠结的。随着青春期的到来，与之相伴的很可能是“他/她喜欢我今天的样子吗”这种会令你辗转难眠的困惑。这是这个年龄阶段的青少年都会面临的问题。除了开始的时间或早或晚以外，每个人都无法避免这个历程。

第三个问题：自己对父母爱恨交加或心情时好时坏是不是不正常？

答案是：十分正常。伴随着生理的成熟，心理也会随之悄然改变。这一时期的你，除了长大、长高，外形和成年人更为接近之外，你的心理也在逐渐发展和成熟。你开始试着用自己的眼睛来看这个世界，有了自己的思想，世界观也在逐渐形成。以前对爸妈的话只是简单地听从，但现在你会思考：这是不是我喜欢的，这对我来说意味着什么。

在自己身体的第二个发育高峰期保持良好的运动和饮食，这会让你的青春期发展得更为美好和健康，当然了，也会给你带来青春洋溢的魅力。

拓展阅读：5~17 岁青少年的身体活动建议

世界卫生组织

对于该年龄组的儿童和青少年，身体活动包括在家庭、学校和社区中的玩耍、游戏、体育运动、交通往来、家务劳动、娱乐、体育课或有计划的锻炼等。

为增进心肺、肌肉和骨骼健康，减少慢性非传染性疾病风险：

5~17 岁儿童青少年应每天累计至少 60 分钟中等到高强度身体活动。

大于 60 分钟的身体活动可以提供更多的健康效益。

大多数日常身体活动应该是有氧运动。同时，每周至少应进行 3 次高强度身体活动，包括强壮肌肉和骨骼的活动等。

人人开展身体活动

这些建议涉及所有健康的5～17岁儿童，除非有特殊健康状况表明其不适宜。

累计的概念指一天分几次开展较短时间的活动，然后把每一次所用时间加起来(例如两次30分钟，达到每天60分钟的目标)。

如有可能，残疾儿童和青少年也应完成建议的身体活动量。但他们应与卫生保健服务人员合作，根据身体条件，了解适合他们的身体活动形式和活动量。

这些建议适用于全体儿童和青少年(不分性别、人种、民族或收入水平)。

对缺乏身体活动的儿童和青少年，建议采取渐进的方式增加身体活动量，最终达到上述的推荐量。适宜的方法是，从较小的活动量开始，然后随着时间的推移，逐渐增加持续时间、频度和强度。值得一提的是，对于那些目前还没有进行身体活动的孩子，即使其进行的身体活动尚未达到推荐量，也会给身体带来健康效益，比根本不活动强。

身体活动对青少年的好处

适当开展身体活动有助于青少年：

形成健康的肌肉骨骼组织(即骨骼、肌肉和关节)；

形成健康的心血管系统(即心脏和肺)；

形成神经肌肉感觉(即协调和动作控制)；

保持健康的体重。

身体活动也与青少年的心理健康有关，即可改进他们对焦虑和抑郁的控制。

同样，通过提供机会进行自我表现、创造自信、开展社会交往和融入社会，参加身体活动可有助于培养青少年的社交能力。积极开展身体活动的青少年更容易接受其他健康的行为(例如避免使用烟草、酒类和毒品)，而且在学校的学习成绩更好。

我的青春

青春期的成长不仅会给身体带来巨大的变化，在心理方面也是。

你会慢慢发现，你开始越来越在乎小伙伴对你的看法，而不再只关心爸爸妈妈的看法；你会有“闺蜜”或者“兄弟”；会开始用一本带锁的小笔记本或者给自己的手机、电脑设置一个密码来存放自己的心事；不太希望爸妈或者班主任出现在属于朋友们联系的QQ群里面，这会让你有点不自在。或许你也会选择每天花很多时间用短信、电话的方式和朋友们一起聊在学校里发生的事情，而对于妈妈的询问只是简单回答或是干脆就不想回答。也或许你会发现，爸妈慢慢地变得越来越像是朋友，会用讨论而不再是命令和要求的方式来与你沟通。

在这个时期，每个人的方式或许未必相同，相同的是变化都在逐渐发生。

我有一点紧张

作为一个正在成长中的青少年，你会对自己的变化有一点紧张。不过可以告诉你一个事实：对于这个时期的你，你的爸妈同样也很紧张，因为他们会觉得你长大了，不再像小时候了，他们也未必清楚该如何面对长大的你。很多妈妈都会说：“小时候他都牵着我的手上学的，现在都不要我这样做了，还叫我离他远一点！这到底是咋了？”你看，在你茫然的时候，妈妈也很茫然。

在你向着自己的人生开始迈步前进的同时，周围与你年纪相同的人也在一样向前——这是一条共同的道路，通向成长和自我认识的道路，在这条道路上的你并不是孤独的。你会担心“我在他们眼里看起来足够好吗”，而他们中的每一个也在担心同样的问题。所以，请勇敢地向前走，迎接自己的改变和成长，并且试着保持对爸爸妈妈的耐心，因为你正处在人生中发展最快的阶段之一，而你的爸爸妈妈已经有点上年纪了，加之他们当年受到的教育和现在也大不一样——要他们跟上你的步伐有点困难。如果他们实在跟不上，请试着包容他们。

我开始对异性感兴趣了

在这一阶段还有一个非常有意思的变化——你开始对异性感兴趣了。虽然还带着害羞和不好意思，但很多人在这个时期都会在心里开始喜欢特定的对象——哪怕你曾在小学时期对异性嗤之以鼻。从心理的角度出发，这完全是正常的，这是对成年期亲密关系和婚姻的预习。按照文艺的说法就是，你开始尝试将两个独立的世界融合在一起。同时你也要明白一件事，那就是健康的爱情从来都是为两个独立的人准备的，可以预习，但请不要放弃自我。

我到底是怎样一个人

随着青春期的到来，青少年的生理成熟与心理成熟一起揭开新的序幕——对周围世界有了新的观察与新的思考方法，开始经常思虑自己到底是怎样一个人，以及他人怎么看待自己。也就是说，你会从他人对你的态度中，从自己扮演的各种社会角色中，逐渐认清自己。从这时起，和爸妈的关系不再像之前那样无所不谈或是发展成朋友般的关系，你从对父母的依赖关系中成长起来，转而与同伴们建立了亲密的友谊，从而进一步认识自己，并对自己的过去、现在、将来产生一种内在的连续感，认识到自己与他人在外表与性格上的相同点与不同点。

人物链接

埃利克·埃里克森(Erik H Erikson,1902—1994),美国精神病学家,著名的发展心理学家和精神分析学家。他提出人格的社会心理发展理论,把心理的发展划分为八个阶段,指出每一阶段的特殊社会心理任务;并认为每一阶段都有一个特殊矛盾,矛盾的顺利解决是人格健康发展的前提。

该理论特别重视的是第五阶段青春期的自我同一性和角色混乱的冲突问题。青少年的主要任务是建立一个新的同一感或自己在别人眼中的形象,以及自己在社会集体中所占的情感位置。这一阶段的危机是角色混乱。

如何更好地学习

排解压力有妙招

“期末考试快要到了！平时学习我也很努力，但是一到考试——不管是大考还是小考，总感觉成绩不理想。我也很着急啊，明明已经很用功了，但分数还是不高，我不知道该怎么办了。现在是又紧张又害怕，我该怎么做呢？”

每到考试季，你是不是都会听到类似的话呢？这种状况可能好些同学也有同感吧？这样的情况往往是由学习压力过重、无法很好地调节情绪引起的。

学习压力过重常常表现为无法像大部分同学一样完成自己的学习任务，取得应有的成绩；或是基本能够完成学习任务，也能取得相应的学习成绩，但与班级少数尖子生相比或和自己的期望相比还有一定的差距。其中由学习压力过重这个原因造成的焦虑是较为常见的。

这种压力反应一般具体表现为：在平时学习时总是无法集中精力，自己明明想写物理作业，可看到旁边比自己学习成绩优秀的同学在看英语，就开始动摇自己的计划，甚至不由自主地也拿出了英语书；在考试时，明明会做的题却担心会做错得不了高分，一遍又一遍地进行毫无意义的检查，而遇到真正的难题却乱了阵脚；在应该休息或放松的时间段里又总是担心别的同学是不是正在拼命学习超越自己，结果是得不到正常的休息和放松。这一系列的表现往往又会形成一种恶性循环，引起更为严重的压力和紧张。

面对压力我们该怎么办？

面对压力，摆正心态很重要。坚定目标，和别人交流沟通会更好地帮助你释放压力，愉悦心情。

首先，如果压力并不是持续性的情况，只是因为某段时间成绩不理想而产生的，那么可以针对自己近期的学习情况进行重新计划和调整，制定适合自己的目标，并严格按照计划安排自己的学习和生活。

其次，在面对压力时，要善于鼓励自己。

成长的路上，会有许多大大小小的成功，把它们统统列举出来，哪怕是一个小小的成绩也不放过。比如：某科成绩开始不怎么好，后来赶上去了；当过学生干部；获某项比赛的好名次；学会骑自行车；交到了一个知心的好朋友；学会了一样自己喜欢的手工；完成了一件自己很喜欢的作品……望着这些成就，你可能会很惊讶，原来自己也有这么多的成功——我已经获得过这么多的成功，那即使现在的成绩还不理想，但通过我的努力一定会有进步的。相信自己，成功的体验会使你信心倍增。

找出你的优势

列出自己的特长、爱好和才能，比如：打球、跑步、绘画、写作、下棋、唱歌、跳舞、演讲、交际、幽默、吃苦耐劳、为了目标坚忍不拔的精神……

从自己的优势中找出你的比较对象不如你的项目。每个人都有自己的优点和长处，虽然某一科的成绩一时不太理想，但总有你擅长的方向，通过努力，总能赢得属于你的精彩。

此外，我们还可以采用一些调节情绪的方法，帮助自己调整情绪，更好地应对学习压力。

自我暗示法

一个人在消极的情绪中，通过名人名言、警句或英雄人物来进行自我激励，能够有效地调控情绪。

让我们来做一个小实验：静下心来，在心中默念“喜笑颜开”“开怀大笑”，并且想象这些情景，你会产生什么感觉？

你也许会产生一种真的很高兴的感觉！这个实验说明，语言能对人的情绪产生暗示作用。当你发怒时，可以反复地暗示自己“不要发怒，别做蠢事，发怒是无能的表现，发怒有害无益”；当你陷入忧愁时，可以暗示自己“忧愁没有用，无济于事，还是振作起来吧”。这种缓解情绪的方法就是自我暗示法。

深呼吸法

慢而深的呼吸方式能消除紧张、降低兴奋性水平，使人的波动情绪逐渐稳定下来。

步骤：

① 站直或坐直，微闭双眼，排除杂念，尽力用鼻子吸气；

② 轻轻屏住呼吸，慢数一、二、三；

③ 缓慢地用口呼气，同时数一、二、三，把气吐尽为止；

④ 重复三次以上。

每个人在一生中都会遇到各种不良情绪的刺激和伤害，积极的方法是及时消除和克服。我们可以通过控制和宣泄两种途径来调节自己的情绪。及时调整自己的目标，制订适合自己的学习计划，合理地宣泄不良情绪，做到了这些，快乐就掌握在你的手中，自信就把握在你的手中。而且很多时候，压力并不是一件坏事——关键在于你怎么看待它。

学习目标——“跳一跳就够得着”

在你或长或短的学习生涯中，已经制定过很多次学习目标了吧，那你已经是这方面的好手了吗？在你准备回答“是”之前，请回答以下五个小问题：

○ 我的目标是针对多长时间的？

○ 我的目标有没有分层呢？

○ 我的目标看起来合理吗？

○ 我的目标可以实现吗？

○ 我有有效的办法来促进目标实现吗？

如果你对以上五个问题的答案都很肯定，那么恭喜你，你可以直接翻到下一页了；如果你还不是很肯定的话，可以认真阅读下面的内容。

标题中的“跳一跳就够得着”，是想告诉你：目标中最重要的部分是可执行性和激励性。让我们通过一个例子来理解这句话。

相信很多同学都玩过电子游戏，那么请你回想一下，你觉得挺有意思的那个游戏，第一关开始的任务一定是很简单的，很容易、很轻松就可以完成，很快就能够拿到这一关的奖励；第二关会稍微复杂一点，但是只比第一关难那么一点，奖励也稍微要好一点。然后一关、又一关……越来越难，但都是在前一关的基础上实现的——就像曾经非常流行的游戏《植物大战僵尸》一样，你可以想象第一关就面对最后的变异博士大 BOSS 吗？

我们制定一个好的学习目标，和游戏的分关挑战是很相似的。你要试着把一个大的、长期的目标一点一点地分解成短期的、较小的目标，这个目标一定是通过你短期的努力就可以实现的，可以看到结果并感到鼓舞的——就好像你玩游戏的时候一样。比如，你告诉自己，我中考一定要考上市里最好的高中！这个目标是一个怎样的目标呢？这是一个相对长期的目标、会持续三年的大目标，而且需要你的很多科成绩都达到很好的水平。虽然这个目标很棒，但它的结果只有三年后才能看到，似乎有点遥远。那么，现在你可以试着思考一个更小的问题，我，这个月要实现怎样的目标呢？这个星期呢？甚至更短一点，这一天，我要实现怎样的目标呢？这个目标可以很具体，具体到今天晚上休息以前，我要背完 50 个新单词；或者我要练习 3 遍周末新学的钢琴曲——这些都是可以的。请你一定要记得的是，这个目标一定要是稍微努力一下就可以实现的，符合自己的实际，就像标题中写的：“跳一跳就够得着”。目标完成之后可以给自己一个小小的奖励或是鼓励，就好像游戏中那样。

在拟定目标的同时，不要设置让自己一想起就会害怕的目标——太大的目标，通常我们

制定一个好的学习目标，要试着把一个大的、长期的目标一点一点地分解成短期的、较小的目标。

会叫它“理想”，要记得，目标是为理想服务的。把大的目标分解为短期的、较为轻松些的目标，这样可以更专注地实现它，而不是畏惧它。

如果你需要指导，前面的那五个问题或许可以帮到你。如果你的回答都是肯定的，那么，请开始愉快地执行自己的目标吧。在一段时间的练习之后，你或许会发现，完成每一个小小的、力所能及的目标时，你感到的快乐和满足就是最好的奖励。

心灵故事

1984年，在东京国际马拉松邀请赛中，名不见经传的日本选手山田本一出人意料地夺得了世界冠军。当记者问他凭什么取得如此惊人的成绩时，他说了这么一句话：凭智慧战胜对手。

当时许多人都认为这个偶然跑到前面的矮个子选手是在故弄玄虚。马拉松赛是体力和耐力的运动，只要身体素质好又有耐性就有望夺冠，爆发力和速度都还在其次，说用智慧取胜确实有点勉强。

两年后，意大利国际马拉松邀请赛在意大利北部城市米兰举行，山田本一代表日本参加比赛。这一次，他又获得了世界冠军。记者又请他谈经验。

山田本一性情木讷，不善言谈，回答的仍是上次那句话：用智慧战胜对手。这回记者在报纸上没再挖苦他，但对他所谓的智慧仍迷惑不解。

十年后，这个谜终于被解开了，山田在他的自传中是这么说的：每次比赛之前，我都要乘车把比赛的线路仔细地看一遍，并把沿途比较醒目的标志画下来，比如第一个标志是银行，第二个标志是一棵大树，第三个标志是一座红房子……这样一直画到赛程的终点。比赛开始后，我就以百米的速度奋力地向第一个目标冲去，等到达第一个目标后，我又以同样的速度向第二个目标冲去。40 多千米的赛程，就被我分解成这么几个小目标轻松地跑完了。起初，我并不懂这样的道理，我把我的目标定在 40 多千米外终点线上的那面旗帜上，结果我跑到十几千米时就疲惫不堪了，我被前面那段遥远的路程给吓倒了。

在生活和工作中，我们做事之所以会半途而废，这其中的原因，往往不是因为难度较大，而是觉得成功离我们太远。确切地说，我们不是因为失败而放弃，而是因为倦怠而失败。在人生的旅途中，我们稍微具有一点山田本一的智慧，会少许多懊悔和惋惜。

学习计划与方法——“我的地盘我做主”

在对学习目标进行了初步的分解和熟悉之后，我们可以开始试着制订一个学习计划。

首先需要明确的是，学习计划是写给自己看的。学习计划可以帮助你更好地梳理自己的学习状态，帮助你更好地实现自己的目标。一个全面的计划包括选择一个适合自己的方法。

第一点，明确制订学习计划的意义

制订学习计划可以促进目标的实现

要实现长远的学习目标，绝非一日之功，必须脚踏实地，有步骤地努力去做才行。从实际出发，安排好学习时间和学习任务是十分必要的。我们可以这么理解，学习时间和学习任务的科学结合催生了学习计划。实现学习目标的愿望越强烈，制订学习计划也就越迫切。

学习计划是实现学习目标的蓝图。而我们需要拿出的第一个实际行动，就是制订一个切实可行的学习计划。当你制订完学习计划后，心里有了底，就会感到学习目标的实现只是个时间问题了。

制订学习计划可以磨炼学习意志

在实际的学习生活中，学习计划的实施往往不会一帆风顺，而会受到种种“冲击”。

“冲击”一般有两种情况：

一种情况是出现了自己没有预料到的必须参加的或必须进行的“初始计划外事件”，如集体活动、作业增多、考试临近等。这时就需要调整自己的学习计划，以适应变化了的情况。

另一种情况是出现一些经过自己努力后完全可以排除的困难和干扰。比如，出现了自己计划外的文体活动或其他娱乐活动。这时为了保证计划的实施，就要努力克服困难、干扰及各种诱惑，通过意志力，不断调整自己的行动，使自己的行动不偏离计划中既定的学习目标和任务，直到实现为止。

良好的意志品质（自觉性、坚持性、自制力）是学习成功的重要保证，而学习的成功又对发展良好的意志品质起着推动作用。

良好的意志品质（自觉性、坚持性、自制力）是学习成功的重要保证，而学习的成功又对发展良好的意志品质起着推动作用。坚持完成学习计划并经过长期的磨炼，会使自己在实现一个又一个的计划中，意志品质不断地得到磨炼。意志上的收获，往往容易被人忽略，可这是宝贵的精神财富。

制订学习计划有利于养成良好的学习习惯

良好的学习习惯的养成是离不开科学的学

习计划的，也可以说，良好的学习习惯是学习计划和顽强意志长期结合的产物。长时间按既定计划做事，就会使学习生活很有规律，甚至逐渐形成“条件反射”。到时候，就不必为起不起床、睡不睡觉、学不学习再付出意志上的努力了。

制订学习计划可以提高学习效率

有了学习计划的同学慢慢会体会到，自己多玩 1 个小时、多聊 1 个钟头，将会使计划上的某项任务告吹，并使整个计划中的许多任务受到影响。所以，养成良好的计划完成习惯的同时，也可以帮助你更好地掌握自己的时间，提高学习效率。

制订学习计划可以促进学习目标的实现，磨炼学习意志，有利于学习习惯的养成。如果你对制订学习计划有兴趣的话，不妨制订一份试着认真做做，看看效果如何。

制订学习计划可以促进学习目标的实现，磨炼学习意志，有利于学习习惯的养成。如果你对制订学习计划有兴趣的话，不妨制订一份试着认真做做，看看效果如何。

● 第二点，怎样制订学习计划 ●

制订学习计划看起来是件还不错的事情，那么当你决定制订学习计划时，请注意以下几个问题：

全面分析，计划到位

在制订学习计划时，要多考虑学习时间的具体安排。不过，为了保证学习任务的完成，应当对学习生活做出全面的考虑和安排。

有的同学在制订学习计划时，只考虑三件事：吃饭、睡觉和学习。对集体活动不管不顾，对锻炼身体不予考虑，至于娱乐和休息，计划内更是没有它们的位置。这种“三点一线”的学习计划，使得学习生活单调、乏味，容易引起疲劳，一份全面的学习计划，除了学习以外，还要安排好社会交往时间、运动时间、充足的睡眠时间、休闲娱乐时间等，这样才能保证自己的全面发展，才能保持旺盛的精力，才能使学习生活丰富多彩、生动有趣。

结果既影响学习效果，也影响全面发展。

一份全面的学习计划，除了学习以外，还要安排好社会交往时间、运动时间、充足的睡眠时间、休闲娱乐时间等，这样才能保证自己的全面发展，才能保持旺盛的精力，才能使学习生活丰富多彩、生动有趣。古语说“君子之道，一张一弛”。总是紧绷的单调学习只会让你很快厌恶这份干巴巴的计划。

安排好常规学习时间和自由学习时间

很多同学会发现，虽然从表面上看学习时间不少，但真正归自己支配的学习时间很少。这就要求在制订学习计划时，注意把老师要求的任务和个人的任务区分开来。

我们可以把除上课以外的学习时间分为两大部分：

一是常规学习时间，主要用来完成老师当天布置的学习任务，“消化”当天所学的知识。在常规学习时间内的学习有几个特点：

① 学习内容是最基本的，在这部分时间内学习的质量直接关系到课堂学习的质量。

② 学习的任务是具体的，主要由老师安排，不必自己去安排。

③ 有一定的强制性，就是学习任务完成与否，完成得好不好，是要接受老师检查的。

二是自由学习时间，指的是完成了老师布置的学习任务之后，所剩下的归自己支配的学习时间，这才是我们的学习计划中要做出具体安排的时间。

那么，怎样合理安排这部分自由学习时间呢？

这部分的时间，可以考虑安排两件事：补缺和提高。

补缺，是指弥补自己学习中的欠缺；提高，是指深入钻研，发挥自己的学习优势或特长。不管是补缺还是提高，一定要围绕一个专题进行。你可以试着集中一个月或一周的自由学习时间专攻一个专题，解决一个专题后，再集中一段时间专攻第二个专题、第三个专题，这样学习比较容易见效。

对学习效率一般的同学来说，在开始阶段，自由学习时间几乎没有或者很少，因为每天能完成老师当天布置的学习任务就很不容易了。但随着学习水平的提高，常规学习时间将会逐渐减少，而自由学习时间会逐渐增加。

达尔文说："我从来不认为半小时是微不足道的一段时间。"如果你觉得自己的学习水平还不是很高，或者想急于改变学习现状，那就应当以分秒必争的精神去抓住自由学习时间。一旦你开始体会到抓住自由学习时间带来的好处之后，你自己能掌握的学习主动权就会越来越大，一个生动活泼的学习局面就会慢慢到来。

长期计划和短期安排要结合好

在一段比较长的时间内要学些什么、达成怎样的目标，一定要有个大致计划，并进行目标的分解。一开始你可以从一个月的时间开始，想一想下个月在学习上应解决哪几个主要问题；而这个月的第一个星期要解决什么问题，第一个星期的每天大致要做些什么，这种一天乃至一周的计划就应当制订得具体些。慢慢地，你就会习惯把在一个较长时间内才能完成的学习任务分到每周、每天去了；在每天学习时，心中也能明白当天的学习任务在学习全局中的位置。有了具体的短期安排，长期计划中的任务就可以逐步实现；有了长期计划，又可以在完成具体学习任务时，心中有明确的学习目标。

第三点，学习计划的具体要点

切合实际

计划反映的目标是理想，是一种可能性，其出发点要结合自己的实际情况。制订计划就是要解决当前的实际与未来理想之间的矛盾，将可能转化为现实。因此，计划既不能过于轻松，又不能高不可攀。

那么，什么是实际情况，怎样才能切合实际呢？同学们要把握好以下几点：

① 明确自己的学习水平，确定计划学习的起点。

② 明确可支配的时间，确定各个阶段的学习内容。

③ 明确学习任务，确定每天具体的学习安排。

另外，还要考虑各个学科的教学情况，使自己的学习计划能与老师的教学进度相配合，这样才不会使个人的计划与学校的安排发生冲突，从而更好地促进新课学习。

突出重点

制订计划要突出重点，不要分散力量。学习时间是有限的，但学习内容是无限的，所以学习必须有重点。所谓重点，一是指各学科中的重点内容，二是指自己在学习中的弱项。很多同学都有自己的弱科，有的感到英语较难，有的觉得数学问题较多，制订计划时就应该结合自己的具体情况，把这些都考虑进去。此外，有些学习成绩优异的同学，因为要参加学科竞赛或希望发展某些方面的特长，在课余时间里还需要安排一些提高性的学习。对于这部分同学，课余提高性的学习内容也就成了学习计划中某一阶段的学习重点。

确定好重点后，必要时还可以根据学科的不同特点，将重点内容再细分为几个专题，在兼顾其他学科学习的同时，集中一个月或几周的课余时间去攻一个专题；解决一个专题以后，再集中一段时间专攻第二个专题、第三个专题……这种各个击破、集中力量打歼灭战的计划学习方式，无论对于补差还是提高，都是行之有效的方法。

具有灵活性

计划安排一般要有具体明确的要求和量化指标，以便执行和检查；同时也不能过于呆板。一方面要紧凑，不浪费时间；另一方面也不能好高骛远，排得过满、过紧，而要留有余地，以便应付突发情况。

虽说计划要有灵活性，但原则上必须采取不能变的态度。因为要想养成习惯，原则上就不能有例外的事情。如果总有例外，那是不可能养成习惯的。正确的态度是：先定出不超过实际的计划，计划一旦订立就尽量不变更，坚持完成。

要想养成习惯，原则上就不能有例外的事情。如果总有例外，那是不可能养成习惯的。

突出科学性

要使大脑神经细胞正常发挥，就要结合大脑的规律来做事。所以在安排计划时，不要长时间从事单一的活动，而应该像学校的课程安排一样，学习一段时间后适当休息；长时间学习以后，应当去锻炼或娱乐一会儿，然后再回来学习。计划中对学习科目的安排，要注意文理科交替，相近的学习内容不要集中在一起学习。同时，要结合自己的生物节律。计划中的学习和娱乐活动时间，应根据自己一天的智力活动节律合理地设计与安排。只有这样，才能更好地提高计划学习的效率。

根据不同学科制订不同计划

有些同学面对众多学科了无头绪，分不清主次轻重，更不会根据自己各学科的强弱情况来及时调整学习计划，从而使学习陷入无效和无序状态。因此，在制订分科学习计划时，需要注意以下几点：

① 根据各学科进度及特点，制订全学期学

各门学科都具有自身的特点、规律，只有根据自身的情况“因科制宜”，制订不同学科的学习计划，才能各个击破。

习的总目标和时间安排。

② 根据自身优势和劣势学科情况，制订各科学习的具体措施和时间安排。

③ 重视基础学科的学习，例如语文和数学——学好基础学科是学好其他科的基础。语文水平可以帮助你更好地理解其他科的学习内容，同时能让你更好地表述自己的想法；而数学的逻辑性思维练习可以帮助你在学习其他理科知识时更为高效。

我们来举个简单的例子，如果你觉得自己学习英语比较吃力，学习成绩不太好，该如何提高呢？首先，你要分析一下自己英语学习比较吃力的原因。是对学习英语提不起兴趣，还是词汇量太少了，又或是语法掌握不太扎实呢？在分析清楚具体原因之后，我们再来拟订一个初步的学习计划并对学习时间进行具体的安排。每天抓紧时间先完成老师当天布置的学习任务，在完成了当天学习任务的基础上，再挤出至少1小时进行英语的强化学习。而这一块强化学习时间，应该包含常规学习时间和自由学习时间两部分。

在自由学习时间内，你可以在老师或同学的帮助下选择一份适合自己当前英语水平的学习材料，并按章节内容分配到一个星期中去完成。比如你可以试着平均每周完成一个板块，在每一周开始时，把每个板块的各节内容大致分到每一天，使每天应完成的内容很具体，比如今天要完成一篇阅读理解并背诵文中出现的生词。这样一来，每天在自由学习时间内要完成什么学习任务，心中就十分明确，学习的紧迫感也增强了。在确保有充足的自由时间来提高英语水平的基础上，你会慢慢发现在常规学习时间内的学习效率也提高了。

如果你发现词汇和语法并不是主要因素，只是不太喜欢英语的话，可以尝试另一种途径——提高学习的兴趣。可以借助好听的英语歌曲、精彩的英文电影甚至令你着迷的英文游戏来帮助你更好地学习。同样，你还可以把这样的方法套用到其他的语言和科目上。

实现一个好的计划同样需要一个好的方法。经过小学阶段的学习，你会有一套自己习惯的方法；进入中学阶段之后，随着学习内容的增加和范围的扩大，你会发现原有的方法已经不能满足现阶段学习的需求，那就必须考虑改进方法了。

在改进方法之前，我们先来了解获取信息的途径。实验心理学家赤瑞特（Treicher）进行过两组心理实验。一个实验是关于人类获取信息的来源，即人类获取信息到底通过哪些主要途径。他通过大量的实验说明：人类获取的信息83%来自视觉，11%来自听觉，这两部分加起来有94%；还有3.5%来自嗅觉，1.5%来自触觉，1%来自味觉。另一个实验是关于知识保持，即记忆持久性的实验。结果表明：人们一般能记住自己阅读内容的10%、听到内容的20%、看到内容的30%、听到和看到内容的50%、在交流过程中自己所说内容的70%。

我们想说明的是：根据日常的经验感受，大多数信息获取的途径是来源于视觉和听觉；而在知识保持方面，看到的内容记忆效果好于听到的，两者结合的效果好过单一方式的效果。

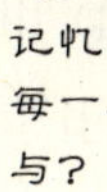

回想一下你的记忆，是不是几乎每一幕都有你的参与？那些和你的亲身体验没有关系、无法激发情绪反应的记忆是非常容易遗忘的。

而最重要的是，经过你思考的、用自己的话说出来的知识，记忆的效果会更好。

根据人脑获取信息的特点，我们选择学习方法的第一个要点就是：视听结合，而且要有自己的想法。人的记忆是自传式的，也就是说，和你有关系的、你思考所得的、能激发你的情绪的东西，比死记硬背的记忆效果要好得多。

选择学习方法的第二个要点是：开篇预习，适时复习，巩固效果。

掌握要点之后，你完全可以结合自己的喜好和具体的学科来选择适合你的学习方法。

第四点，常见的记录学习方法

5R笔记法

5R 笔记法，又叫作康奈尔笔记法，是用产生这种笔记法的大学校名命名的。这一方法几乎适用于一切讲授或阅读课，特别是对于听课笔记，5R 笔记法会起到很好的效果。这种方法以记与学、思考与运用相结合，具体包括以下几个步骤：

① 记录（Record）。在听讲或阅读过程中，在主栏（将笔记本的一页分为左大右小两部分，左侧为主栏，右侧为副栏）内尽量多记有意义的论据、概念等讲课内容。

② 简化（Reduce）。下课以后，尽可能及早将这些论据、概念简明扼要地概括（简化）在回忆栏（副栏）中。

③ 背诵（Recite）。把主栏遮住，只用回忆栏中的摘记提示，尽量完整地叙述课堂上讲过的内容。

④ 思考（Reflect）。将自己的听课随感、意见、经验体会之类的内容与讲课内容区分开，写在卡片或笔记本的某一单独部分，加上标题和索引，编制成提纲、摘要，分成类目，并随时归档。

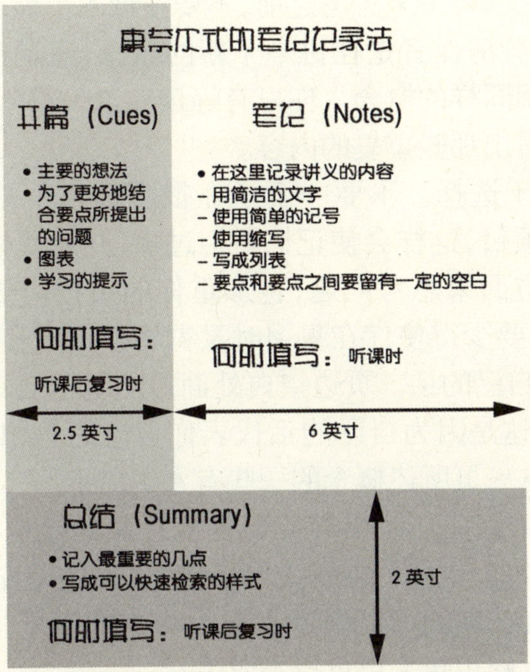

⑤ 复习(Review)。每周花十分钟左右的时间快速复习笔记,主要是先看回忆栏,适当回顾一下主栏。

这种做笔记的方法在一开始使用时,可以以一科为例进行训练。在这一科不断熟练的基础上,再用于其他科目。

符号记录法

符号记录法就是在课本、参考书原文的旁边加上各种符号,如直线、双线、黑点、圆圈、曲线、箭头、红线、蓝线、三角、方框、着重号、惊叹号、问号等,便于找出重点,加深印象,或提出质疑。什么符号代表什么意思,你可以自己掌握,但最好形成一套比较稳定的符号系统。除了符号外,你还可以使用各种不同颜色的笔来进行勾画,以方便你更好地记忆。这种方法比较适合于自学笔记和预习笔记。相信有很多同学正在使用这种方法,不过在具体操作时,你还可以参考以下准则:

① 读完后再做记号。 在你还没有把整个段落或有标题

的部分读完并停下来思考之前，不要在课本上做记号。在阅读时，你要分清作者是在讲一个新的概念，还是在用不同的例子来说明同样的概念。你只有等读完这一段落以后，才能回过头来看出那些重复的内容。

② 善于选择。不要一下子在很多项目下划线或草草写上许多项目，这样会使记忆负担过重，并迫使你在同一时刻从几个方面来思考问题，也加重你的负担。要少做些记号，但也不要少得使你在复习时又得将整页内容通读一遍。

③ 用自己的话。页边空白处简短的笔记应该用你自己的话来写，这是因为自己的话代表你自己的思想，以后这些话会成为这一页所述概念的一些有力的提示。

④ 简洁。在一些虽简短但是有意义的短语下划线，而不要在完整的句子下面画线，页边空白处的笔记要简明扼要。它们会在你的记忆里留下更为深刻的印象。在你背诵和复习的时候用起来更可得心应手。

⑤ 迅速。你不可能把一整天的时间都用来做记号。你先要阅读，再回过头来大略地复习一遍，并迅速做下记号，然后学习这一章的下一部分内容。

⑥ 整齐。做符号要尽量整齐，不要胡写乱画，否则会影响你以后的复习。整齐的记号便于你迅速回忆当初学习时的情景，能帮助你更容易而清楚地领悟书中的重点。

笔记整理法

顾名思义，这种方法强调的是对笔记和知识点的整理，较适用于文科类知识的学习。在对笔记进一步整理的基础上，使之成为比较系统、条理的参考资料，这样可以更好地巩固学习成果，积累复习资料。

对课堂笔记进行整理、加工的一般方法是：

① 忆。课后即抓紧时间，趁热打铁，对照书本、笔记，及时回忆有关信息。哪怕是只用几分钟迅速回忆一下都是有效果的。这是你整理笔记的重要前提。

② 补。课堂上所做的笔记,因为是跟着教师讲课的速度进行的,而讲课速度要比记录速度快一些,所以你的笔记会出现缺漏、跳跃、省略等情况。在忆的基础上,应及时做修补,使笔记更完整。

③ 改。仔细审阅你的课堂笔记,对错字、错句及其他不够确切的地方进行修改。

④ 编。用统一的序号,对笔记内容进行提纲式的、逻辑性的排列,注明号码,梳理好整理笔记的先后顺序。

⑤ 分。以文字(最好用色笔)或符号、代号等划分笔记内容的类别。例如:哪些是字词类,哪些是作家与作品类,哪些是作品(或课文)分析类,哪些是问题质疑、探索类,哪些是课后练习题解答等。

⑥ 舍。省略无关紧要的笔记内容,使笔记简明扼要。

结合自己的兴趣和适合的方法,恰当划分常规学习时间和自由学习时间,并在自由学习时间内做到长期计划与短期安排的有机结合。坚持下去,计划中确定的学习目标就能够顺利实现。

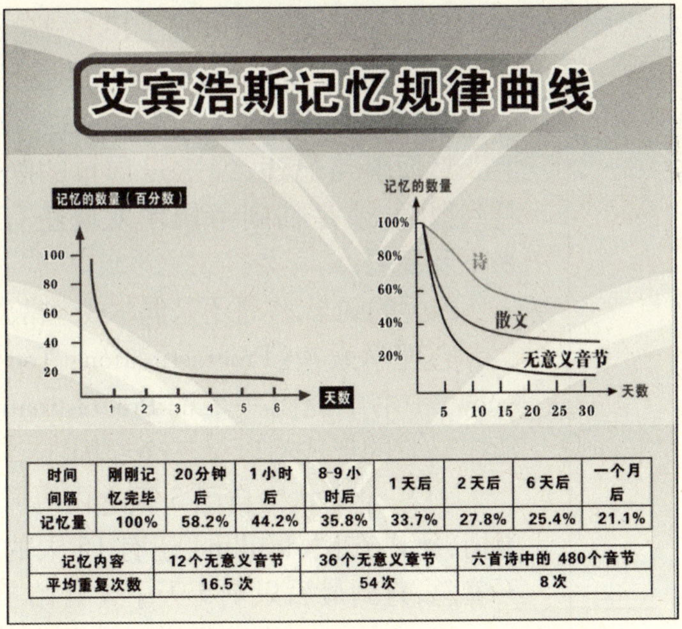

时间间隔	刚刚记忆完毕	20分钟后	1小时后	8-9小时后	1天后	2天后	6天后	一个月后
记忆量	100%	58.2%	44.2%	35.8%	33.7%	27.8%	25.4%	21.1%

记忆内容	12个无意义音节	36个无意义章节	六首诗中的 480个音节
平均重复次数	16.5 次	54 次	8 次

⑦ 记。分类抄录经过整理的笔记。同类的知识,摘抄在同一个本子上或一个本子的同一部分,也可以用卡片分类抄录,便于日后的复习和使用。

你可以马上实验一下这些方法哦!

拓展阅读

遗忘曲线,由德国心理学家艾宾浩斯(H. Ebbinghaus)研究发现,描述了人类大脑对新事物遗忘的规律。

从例图可见,遗忘在学习之后立即开始,而且遗忘的进程并不是均匀的。最初遗忘速度很快,以后逐渐缓慢。因此,及时复习和对学习内容加深理解可以帮助我们更好地进行记忆。

拖延症,我不怕你

“作业星期一才交,今天星期五,好好放松一下! 星期天晚上再做好了!”

“期末考还早得很,有些科目最后几天突击一下就可以了!”

然而事与愿违,经常是周日的晚上赶作业赶到很晚,或是临到考场才发现还有很多东西来不及复习。

亲爱的同学,你是不是偶尔或经常会这样呢?

心理学家在《Procrastination: Ten Things To Know》一书中提出一个词 Procrastination,即“拖延症”,它的形成有以下三个原因:

① 一个人认为自己 5 天之内可以做完一件事情,所以在离 deadline 还有 15 天的时候一点不着急,直到最后只剩 5 天了才开始。

② 这种紧迫感和焦虑往往促发人的斗志,

会让自己觉得,自己只有在压力状态下才有做事情的状态。

③ 最后拿到成绩单的时候,成绩往往不是很差,这样就强化了自己最适合在 deadline 之前短期高压的状态下工作的心态,并且对以后的行为不断进行自我暗示。

"拖延症"常见处方

Case 1:总想把事情做得完美一些,但压力越大就越担心做不好,所以迟迟不敢付出行动。总是把万事的结果定为,不是成功就是失败,只要做错了一点,做得再好也都是错的。出了事就算不是自己的责任也会揽到自己身上。

→病名:担心引起的拖延症。

→处方:得醒悟"自找担心"是多么消极的事情。

例如,在准备报告时,一开始就能写出完美的报告是不可能的。一定会有一些偏差或理论上说服力较小的地方。所以,完美是不存在的。追寻一下到现在为止你所做过的事中有多少事是完美的,一定没有特别完美的事,但一定也没耽误什么事,对不对?

Case 2:我总是没有自信,怎么努力也改不了。为了从苦海中摆脱出来看过不少有关的书籍。但都徒劳无功。因为没有自信,做起事也不顺利。不知道能不能改变一下这样的我。

→病名:封闭自我印象引起的拖延症。

→处方:在苦恼的边缘走不出来的人是因为被自己错误的想法封锁住了。一定要从误区的牢笼里走出来。为了打破错误的想法扪心自问一下:"假如我是能做到某某事的人,应该先

要正视自己的拖延症,把要做的事情列一个清单,压缩完成任务的时间,将重要的任务安排在效率最高的时间,与同学结伴互相监督对方。

想些什么？先做些什么？”考试成绩不好，但还得向父母交代的时候应该想“假如我是个成绩不好但能向父母主动表白的人，应该先做什么事？”想这些问题的时候，不能用太长的时间。第一个想到的就是正确答案。所以直接实施第一个想法就可以了。

Case 3：我对所有决定没有自信。当决定了做某件事的时候，往往因为不确定是对的还是错的而烦恼。这样一来事情就一拖再拖。不是因为我懒，而是因为每次都不能付出行动。所以人们都说我的办事效率不高。

→病名：不安感或懒惰引起的拖延症。

→处方：你总在想自己的想法对不对，那是因为“为了想这个办法用了那么长时间，付出了那么大的努力，但要是失败了怎么办，不就功亏一篑了吗？”这些不安感一直浮现在脑海里，导致你不想做任何事情。比如，要学习了但桌子很乱找书都很难，明知道应该收拾一下，但怕麻烦迟迟不行动，父母又唠叨个不停，就有了叛逆的心理，更不会收拾。这时你应该先冷静下来好好想一想，是打扫一下好还是睁一只眼闭一只眼好，然后再做决定。把最初的想法扭转过来很难，但一旦习惯了就觉得行动比拖延更轻松。

“拖延症”的“治疗”步骤：

① 意识到自己的拖沓是完全没有必要的；

② 把拖沓的原因一条条写出来；

③ 一条条克服这些原因；

④ 开始做事！

亲爱的同学们，请从现在开始及时行事，让自己的学习和生活更富有效率吧！

“拖延症”的“治疗”步骤：
① 意识到自己的拖沓是完全没有必要的；
② 把拖沓的原因一条条写出来；
③ 一条条克服这些原因；
④ 开始做事！

情绪的力量

喜怒哀惧，春花秋月

这里我们要换换脑筋，来做一个小活动：

准备一张空白纸，然后拿起笔。

请你想一下形容喜、怒、哀、惧四类情绪的词汇，并分别把这些词汇填到下面的方框里：

喜	怒	哀	惧

填好了吗？看一看你可以填多少词汇呢？

这个小活动的目的是帮助你认识情绪，能够写出来的情绪表现越多，说明你对情绪的认知相对更为全面。

可能在填写的时候你会有些疑问，比如，为什么是喜怒哀惧呢？传统说法是“喜、怒、哀、乐”，而心理学对情绪的四大分类却是“喜、怒、哀、惧”，不仅包含了积极的情绪体验，也包含了消极甚至恐惧这样的体验。

从心理学的角度来说，情绪是一个非常复杂的体系。还记得之前说过的潜意识吗？

不能用意识来直接控制的部分，都可以划分到情绪情感——也就是潜意识的部分。情绪的经典定义是指：客观事物是否能够满足人的主观需要而产生的态度体验。你在一开始的小活动中写下的所有的词汇都是“态度体验”，而态度体验是由你的需要和评价来共同决定的。

试想一下，如果在炎热的夏天，你拿到一瓶清凉适口的矿泉水，你会有怎样的感觉呢？那感觉想必是很好的，特别是在你正口渴得厉害的时候。但如果这瓶清凉的水是在寒冷的冬天，你并不怎么需要喝水的时候递给你的呢？那时候或许一杯热可可会给你带来更多的满足。

在上面的例子里，水就是客观事物，当它满足了你的需要，你就会产生积极的情绪体验；当它不符合你的需要甚至与你的需要相抵触时，你就会产生消极的评价，进而产生消极的情绪体验。

情绪虽然属于潜意识的一部分，并由我们大脑里面比较古老的部分掌控，但这并不意味着你无法调节自己的情绪。本节开始的小活动就是一个“认识情绪”的游戏，在良好的辨识情绪的基础上，才能更好地对情绪进行合理的调整。

生活中每时每刻都在发生很多事情，而用情绪来辅助理智判断这些事件，是我们人类大脑运行中神秘而有趣的部分。喜、怒、哀、惧都有其存在的价值。喜悦，滋养我们的心灵；愤怒的时候，人会拥有平时不曾拥有的力量（在电视里看过吗？平时不敢打的人，愤怒的时候直接会打对方一巴掌）；悲伤教会我们更好地珍惜现有的人和物；恐惧使我们更加敏锐、帮助我们远离危险的事物。

每种情绪都有着特定的意义，不同的情绪带给我们的影响也是不同的——你的感受和你的认识、心态紧密相连。

每种情绪都有着特定的意义，不同的情绪带给我们的影响也是不同的——你的感受和你的认识、心态紧密相连。

试想这么一个场景：有一天你出门的时候，一只鸽子与你邂逅，上演一场“天屎降临”！如果没掉在你身上那自然挺好对不对？虽然可能会有些惊讶，但有种叫作庆幸的感觉会笼罩心头。但如果掉在你衣服上了呢？你是会生气、沮丧还是愤怒呢？你有可能会这么想：

哦天啊，今天的运气真是糟糕透了，我今天才穿的新衣服呢！

这鸽子真是……太随便了啊！不行，晚上要吃鸽子肉来泄愤！

……

你觉得哪种感想对你的影响会更大呢？

当然，其实你完全可以这么想：哎哟，幸好离家近，赶紧回去换一件，这件回家的时候洗一下好了，还可以请妈妈帮忙洗呢。

你看，其实心情可以由自己来选择的对不对？

美国心理学家弗莱德利克森认为：消极情绪和积极情绪均具有进化适应的意义。消极情绪窄化个体的即时思维—行动范畴，让人进入防御状态。而积极情绪会扩展即时思维—行动范畴，让人成长和发展。

心理学上一般把情绪初步分为积极情绪和消极情绪。那些让你感到快乐、幸福、愉悦的情绪属于积极情绪；而愤怒、生气、抓狂、烦躁等归于消极情绪。如果你对朋友生气了，就表示你再也不喜欢他了吗？或者认为表达生气就表示不尊重或者不喜欢了？当爸爸妈妈情绪激动对你发脾气时，你可能就会全盘否定他们对你的关爱；或者父母的某些做法让你不高兴时，大发脾气之后的你可能会觉得有很深的罪恶感，觉得自己不应该这样？而当你处于积极情绪状态时，又会发现看什么都是美好的，就连妈妈的唠叨听起来都像小夜曲。

每种情绪的发生都是正常的，正如春花秋月如常出现，唯一不同的只是你选择看到的风景。情绪只是反映我们内在的感受，并没有好坏之分，每种情绪都有它独特的价值。

拓展阅读："快乐可以模仿吗？"

美国一家广告公司的部门经理弗雷德工作一向很出色。有一天，他感到心情很差。但由于这天他要在开会时和客户见面谈话，所以不能有情绪低落、萎靡不振的神情表现。于是，他在会议上笑容可掬，谈笑风生，装成心情愉快又和蔼可亲的样子。令人惊奇的是，他的这种心情"装扮"却带来了意想不到的结果——随后不久，他就发现自己不再抑郁不振了。

美国心理学家霍特指出，弗雷德在无意中采用了心理学的一项重要规律：装着有某种心情，模仿着某种心情，往往能帮助我们真的获得这种心情。

有些人通常在情绪低落的时候避不见人，直到这种心情消散为止。这么做果真是好办法吗？

心理学家艾克曼的最新实验表明，一个人老是想象自己进入了某种情境，并感受某种情绪时，结果这种情绪十之八九果真会到来。需要注意的是：随着年龄、性别、职业、性格等因素的不同，情绪变化的程度和时间也不一样。情绪有了变化之后，伴随每一种情绪的外在表现，生理反应也会出现变化。华东师范大学心理学系孔教授研究后认为：一个故意装作愤怒的实验者，由于"角色"行为的潜移默化影响，他真的也会愤怒起来，表现在待人接物、言谈举止等方面；同时，他的心率和体温（心率和体温都是愤怒的生理反应指标）也会上升。

由此，对自己的心情进行一番"乔装打扮"，也是帮助你更好地面对情绪的方式之一。

幸福与不幸福

情绪是指某一种特定感觉，那么当很多种情绪混合在一起的时候又会发生什么呢？这时候感觉到的东西我们一般称之为情感。

你幸福吗？

看着这个问题你可能很难立刻给出确定的答案，因为幸福实际上是一种很复杂的感觉。

在炎热的夏天走进有空调的房间，幸福吗？

今天老师当着大家面表扬你了，幸福吗？

感受到爸爸妈妈的爱，幸福吗？

一番努力终于获得了理想的成绩，幸福吗？

对于这几个例子，相信你的答案都是肯定的，这些都是很幸福的体验。不过你有没有发现，这几例幸福好像不太一样呢？

有的幸福是与我们的终生体验有关的，比如爸妈的爱，会陪伴你很久很久，一直给你心灵的润养；有的幸福相对比较短暂，很可能一下子就被你忘在脑后。不过请相信，再微小的幸福，积累起来都会给你带来愉快的体验。那些微小而确实的幸福，现在有个词儿形容它，叫“小确幸”，虽然看起来不是那么“高大上”，但它实在、温暖、踏实。

拓展阅读：小确幸

“小确幸”一词的意思是微小而确实的幸福，出自村上春树的随笔，由翻译家林少华直译而进入现代汉语。小确幸的感觉在于小，每一枚小确幸持续的时间为3秒至一整天不等。

小确幸就是这样一些东西：摸摸以为没有东西的口袋，发现居然有钱；电话响了，拿起听筒发现正是刚才在想念的人;偶尔抬头时和身边朋友的会心一笑;削苹果的时候苹果皮一直都没有断;自己随便炒了个饭,发现味道居然很不错;排队时,你所在的队动得最快;自己一直想买的很贵的东西,一天偶然在折扣店以便宜的价格买到了……它们是生活中小小的幸运与快乐,是生活中那些稍纵即逝的美好,是内心的宽容与满足,是对人生的感恩和珍惜。

当我们逐一将这些"小确幸"拾起的时候,也就找到了最简单的快乐。

现在,请你回答第二个问题,你有过不幸福的时刻吗?

嗯……是不是和第一个问题一样,不是那么容易回答呢?在人生漫长的道路中,虽然大家都希望能幸福满满,不过似乎多少会有一些失落的时候。这些失落、难过、伤心乃至伤害,完全就是糟糕的东西吗?

老规矩,来,回想一下:

小时候吃很苦的药之前,大人都会拿一颗糖放在你面前:"宝贝乖乖地把药吃下去,然后就有甜甜的糖吃哦!"记忆里的那颗糖,是不是特别甜?

满头大汗地走进房间,那一杯为你准备好的凉开水,喝起来是不是特别清爽?

花了不少时间和"死掉很多脑细胞"才解答出来一个很难的题目,那时候是不是特别有成就感?

除却这些正面的事例,每一个人还都会有一些不幸福甚至难过和痛苦的时候。走路不留神一脚踢到石头上,会痛苦;考试成绩一直不好,会痛苦;被人欺负了,会痛苦;好朋友误会自已了,会痛苦;我喜欢的那个人不喜欢我,也会痛苦……还有更剧烈的痛苦,甚至会痛到撕心裂肺无法忍受……

请记住,幸福与不幸,不过是两个不同处境的比较而已。

现在让我们开始第三个问题:痛苦。

心理学认为,痛苦源于那些给我们带来痛苦体验的负性事件。因为痛苦的体验,我们不愿意去面对那个糟糕的事件。如果那个糟糕的事件得到了处理或是抚慰,那我们的感觉就会好很多,从而得到缓解和解决;如果糟糕的事件没有得到处理,甚至没有人理解的话,很有可能就会被压抑到潜意识中去,成为"选择性遗忘"。但是,这些压抑的感觉在潜意识中仍然会一如既往地发挥作用。哪怕我们对事实遗忘得再厉害,这些事件所伴随的感觉仍然会袭击我们,让我们莫名其妙地伤心难过,或是过度地恐惧胆怯。

举一个简单的例子或许能帮助你理解:见过害怕狗的人吗?哪怕是被绳子牵引着的温驯宠物犬,也会有人非常害怕,甚至怕得要逃到很远的地方,身体止不住地瑟瑟发抖。虽然理智告诉这个人,被绳子牵引着的狗无法伤害到他,但这依然不能让他"不怕"。如果你身边有这样的人,你可以试着问一下他为什么会害怕。有的人会说"我不知道",还有人会告诉你,他小时候被狗追过或咬过……事实上,那些"我不知道"在幼年时候很可能有与狗相关的糟糕经历,只是那感觉太糟糕了,他们真的不想记得。

这种糟糕的感觉发展到最后,通常的解决办法有两个:要么,我们像鸵鸟一样,在痛苦面

当你快乐时,深察你的内心吧。你将发现,只有那曾使你悲伤的,正给你快乐。当你悲伤时,再深察你的内心吧。你将明白,事实上你正为曾使你快乐的事物哭泣。

——纪伯伦

前把脑袋扎进沙地里，对生命中所有重要的负性事实都视而不见（当然，自然界中真的鸵鸟并不会这么做）；要么，我们放弃抵抗干脆投靠痛苦，把自己的所有事情都搞得非常糟糕。

除了一些看得见的错误方法外，我们人类还“发明”了无数种看不见的方法去逃避痛苦，精神分析大师弗洛伊德将这些方式称为心理防御机制。太痛苦的时候，这方法是必要的，因为它可以保护你不被痛苦当场击倒；但糟糕的是，如果心理防御机制对事实扭曲得太厉害，它会逐渐带来更多的困扰，比如强迫行为、焦虑、恐惧，甚至更严重的问题。

当我们压抑情绪、回避痛苦时，就累积了一些紧张，这些紧张会进一步压制我们感受快乐与爱的能力。然而情绪的能力是整体的，只有自由地体验各种情绪，才能感受更多流畅的情绪。我们诚挚地希望阅读这本书的每一个人都健康快乐、无忧无虑，然而“有光就有影”，不论那些糟糕的体验是大还是小，你都需要学会如何面对。

不论那些糟糕的体验是大还是小，你都需要学会如何面对。

如果你正在面对痛苦，请记住：无论多么痛苦的事情，既已发生，就成为你生命中的一部分。只有勇敢地面对它，接纳它，和它达成和解并将这些体验融为人生智慧的一部分，才能超越痛苦。若是现在暂时缺乏力量，你可以寻找帮助——寻找亲友的帮助，寻找老师的帮助，或寻找专业人士的帮助，让你信任的人陪伴在你身边，一起面对。

心灵故事：人生如茶

一个屡屡失意的年轻人千里迢迢来到普济寺，慕名寻到老僧释圆，沮丧地对他说："人生总不如意，活着也是苟且，有什么意思呢？"

释圆静静听着年轻人的叹息和絮叨，末了才吩咐小和尚说："施主远道而来，烧一壶温水送过来。"

稍倾，小和尚送来了一壶温水。释圆抓了茶叶放进杯子，然后用温水沏了，放在茶几上，微笑着请年轻人喝茶。杯子冒出微微的水汽，茶叶静静浮着。年轻人不解地询问："宝刹怎么用温茶？"

释圆笑而不语。年轻人喝一口细品，不由摇摇头："一点茶香都没有呢。"

释圆说："这可是闽地名茶铁观音啊。"年轻人又端起杯子品尝，然后肯定地说："真的没有一丝茶香。"

释圆又吩咐小和尚："再去烧一壶沸水送过来。"

稍倾，小和尚便提着一壶沸水进来。释圆起身，又取过一个杯子，放茶叶，倒沸水，再放在茶几上。年轻人俯首看去，茶叶在杯子里上下沉浮，丝丝清香不绝如缕。

年轻人欲去端杯，释圆作势挡开，又提起水壶注入一线沸水。茶叶翻腾得更厉害了，一缕更醇厚更醉人的茶香袅袅升腾，在禅房弥漫开来。释圆如是注了五次水，杯子终于满了，那绿绿的一杯茶水，端在手上清香扑鼻，入口沁人心脾。

释圆笑着问："施主可知道，同是铁观音，为什么茶味迥异吗？"

年轻人思忖着说："一杯用温水，一杯用沸水，冲沏的水不同。"

释圆点头："用水不同，则茶叶的沉浮就不一样。温水沏茶，茶叶轻浮水上，怎会散发清香？沸水沏茶，反复几次，茶

叶沉沉浮浮,终释放出四季的风韵:既有春的幽静和夏的炽热,又有秋的丰盈和冬的清冽。世间芸芸众生,又何尝不是沉浮的茶叶呢?"

"人生如茶,不会苦一辈子,但总会苦一阵子。"

正弦曲线中的我们

你曾有情绪起伏不定的时候吗?

有些时候你恨不得钻进地洞藏起来?又或是觉得,做什么事情都无聊透了?还有一些时候,你感觉事事顺遂,称心如意,充满乐观,周围的一切都是那么可爱,简直好像身在天堂?

就像一年有四季变化一样,人的情绪也是有周期的。所谓"情绪周期",是指一个人的情绪高潮期和低潮期的交替过程所经历的时间。它反映人体内部的周期性张弛规律,也叫"情绪生物节律"。当人们处于情绪周期的高潮时,会表现出强烈的生命活力，精力旺盛，思维活跃，对人和蔼可亲，感情丰富，做事认真，容易接受别人的规劝，感到心旷神怡；而处于情绪周期的低潮期时，则容易急躁和发脾气，产生反抗情绪，表现得喜怒无常，常感到孤独和寂寞。

科学研究结果表明，人类情绪周期平均为五周。也就是说，一个人的心情由非常高兴降到容易沮丧，再回到高兴，这一历程往往需要五周的时间。

当然，五个星期并不是一个绝对的时间，每个人都有着自己的独特性，情绪周期也不例外。这里介绍一种简便的制表方法，它可以使你了解和自己有关的这个神奇的规律性变化。方法非常简单（如果你有一张数学坐标纸，那就更方便了）：

以一年中的某个月为例，横坐标为 1 号、2 号、3 号……30 号（或 31 号），纵坐标为不同的情绪指数，包括兴高采烈、心情愉悦、感觉不错、感觉一般、感觉不太好、伤心难过、焦虑沮丧。

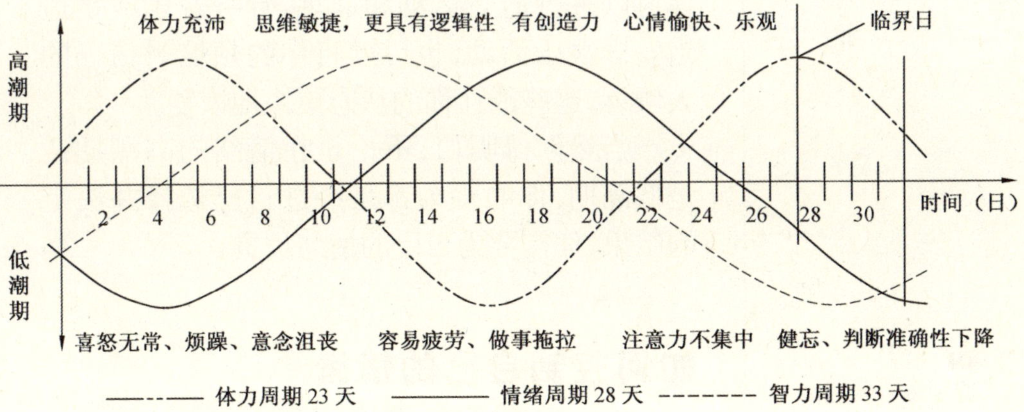

每天晚上花点时间想想当天的情绪，在与之相符的一栏打上记号。过些日子，把这些记号连接起来。不久你就会发现一个模式，这就是你的情绪规律图。而且你还会很惊讶地发现，它很像数学课里面学过的正弦曲线。

不仅有情绪的周期律，还有生理的周期律甚至智力的周期律。某些天你会发现自己运动起来毫不费劲，体力充沛、四肢灵活；有几天却又懒懒不想动。这些感受都是正常的。如果你有兴趣，同样也可以记录自己的生理和智力周期。

通过坚持进行记录，再过几个月你就会准确地知道，什么时候你的情绪高潮期将至，什么时候你得小心低潮期的到来。知道了这一点后，你就可以预测自己的情绪变化，并能够相应地调整自己的行为。情绪高涨时，可以多给自己安排些任务、制定更高一些的标准来要求自己；情绪低落时，请记得鼓励自己，这种情况很快就会过去，只需要等待几天而已。而这几天你可以进行适当运动和锻炼，听听音乐或是适当安排娱乐活动，也可以将你的烦恼对信任的人倾诉，这些能让你的状态更快地恢复。

当然你得明白，不论是在情绪的高潮期还是低潮期，你的行为都是经过自己选择并决定的结果，你需要为自己的情绪负责。

只要以适当的方式在适当的情境表达适度的情绪，就是健康且合理的。

如何控制自己的情绪

我们了解情绪，最重要的目的在于：学会控制和调整自己的情绪，而不是让情绪来支配你。

有情绪虽然是再正常不过的事了，可是应不应该流露情绪？会不会被人说成是太情绪化了呢？实际上，真正的问题并不在于情绪本身，而在于情绪的表达方式。只要以适当的方式在适当的情境表达适度的情绪，就是健康且合理的。

想一想通常在什么情况下你会掩藏自己的真实情绪？因为面子、情境等社会因素的影响，我们常不自觉地在他人面前隐藏真实的情绪，或者将强烈的情绪转换为较为温和、婉转的方式表现，这些是与社会规范相符合、社会化的行为表现。或许你未必完全清楚自己有怎样的行为表现，但是我们确实能够适宜地掌握自身的情绪并决定合适的表现方式，在正视事实的情况下，在掌控范围之内，做出于人于己皆恰当的决定与行为反应。

情绪对人的影响是很大的。你有过下面的这些体验吗？

因为考试没考好，会一直责怪自己平时不够用功、考前没好好准备、考试的时候没仔细看题吗？会不会从此认为自己不是一块念书的料，自己比别人差？

自己非常珍视的东西借给朋友却被他无心弄坏了，你怎么办呢？虽然很不高兴，但碍于面子一言不发吗？

迷上电脑或是游戏机，成绩下降得厉害，和教训自己的爸妈大吵起来甚至大发脾气？

当然，如果上面三种情况你从来没有遇到过，那真是挺幸运的呢！不过请试想一下，主角换成是你，你会有什么感受？你会怎么处理你的情绪？有些人在面对情绪时，会完全被情绪控制。当消极情绪产生时，就任由情绪支配他们的一切思想、感受和行为：轻则心情不愉快、做什么都提不起精神；重则可能会出现人际关系问题，更严重的是一时冲动，做出过激的反应，造成生命、财产的损失，追悔莫及。另外，有些人则非常害怕消极情绪，担心自己如果把生气、愤怒、悲伤、沮丧、紧张、焦虑这样的消极情绪真实地表露出来，情况会更加糟糕，甚至会发生无法预测的后果，因而就极力压抑、掩饰自己的情绪。但是,没有表现出情绪,并不表示没有情绪,原本被引发的情绪仍会间接地影响自己或者他人。

也有人认为情绪是非理性的,所以一个理性成熟的人不应该表现出自己的情绪。他们不允许自己处在消极的情绪中,拼命告诫自己"要理性""要控制情绪""我不应该焦虑,焦虑只会让我表现得更糟""我不应该沮丧,沮丧只会侵蚀我的斗志""我不能生气,生气代表我是一个不能把情绪管理好的人",拼命地把自己塑造成有修养的人,预防可能会引出负面情绪的情境。但是你得明白,我们是人,有血有肉的人,而不是一个精密的机器人。如果我们一味地否认、压抑或控制负面情绪,我们将失去适当地反映真实情绪的能力,从而无法真实感受到快乐等正面情绪,最终变成一个单调无情绪的人。

那么,我们怎样才能更好地管理自己的情绪呢?

一个心理健康的人不会否认自己的消极情绪,而且会给它一个适当的空间来安放。我们要成为情绪的主人,而不是由情绪来完全左右我们的思想和行为。

要记住,其实情绪本身并无是非、好坏之分,它只是一种态度体验。每一种情绪都有它的价值和功能。试着接纳自己的情绪,因为情绪是你的内心对外部世界的评价和态度,反映着你的真实愿望。你不必为了想家而感到羞耻,不必因为害怕某只小动物而感到不安,对触怒你的人表达你的真实感受也没有什么不对。这些感觉与情绪都是自然的,应该允许它们适时适地存在,并释放出来。

具体来说,管理情绪的方法就是要能清楚自己当时的感受,认清引发情绪的理由,再以适当的方法释放或表达情绪。情绪管理方面的专家把这一历程归纳为三部曲：

WHAT——我现在的情绪是怎样的？

情绪管理第一步，是要先能察觉我们的情绪，并且接纳我们的情绪。

比如，朋友无意弄坏了你珍藏的东西，你会生气吗？那一瞬间，生气、难过、伤心甚至是愤怒，都会是最真实的体验。你要学会允许自己难过、允许自己伤心、允许自己生气，接受自己那一瞬间的感觉，而不是强迫自己一切都要微笑面对。

WHY——我为什么会有这种感觉？

我为什么生气？我为什么难过？我为什么伤心？我为什么觉得愤怒？我为什么……只有找出原因，我们才能知道这样的反应是否正常；只有找出引发情绪的原因，我们才能对症下药。

HOW——如何调节情绪？

想想看，可以用什么方法来应对引发你情绪问题的场面？如何释放自己的情绪？平常当你心情不好的时候，你会怎么处理？什么方法对你是比较有效的呢？对于前面我们举的那个例子，你可以试着和朋友认真地谈一谈，告诉他/她此时你真实的感受，朋友真诚的歉意和彼此的理解会弥合友谊中那道无形的裂痕。

当然，你还可以通过深呼吸、肌肉放松、运动、爬山、游泳、听音乐、唱歌等方式来让心情平静；大哭一场、找人聊聊、涂鸦、写秘密心情日记也是不错的方式。

情绪管理三部曲：

① WHAT

② WHY

③ HOW

拓展阅读：愤怒，你会表达吗？

在现实生活中，很多时候我们不但拒绝承受别人的愤怒，而且不想表达自己的愤怒。其实，只要方法恰当，愤怒也可以表达出来。一味隐忍可能会让愤怒更加强烈地爆发，关键是找到一个平衡点。毫无疑问，认清自己的需要，学会表达愤怒，就是和他人建立更健康的关系。

愤怒，男女有别

一般来说，男性更多地以攻击性的方式表达愤怒，而女性则常以口头方式表示（现在你明白为什么女孩子之间更喜欢吵架，而男孩子之间解决纠纷偏爱直接动手了吧）。而在亲密关系中，女性在争吵时的态度往往更为激烈，甚至比男人更倾向于暴力。

男性发怒的原因常常是由于权利受到威胁，比如想做某事却被禁止；而女性则是因为别人的行为不符合自己的意愿，尤其是感到被拒绝、被忽视和嫉妒时。托马斯教授说："女性常常希望某人或某事有所改变，但自己却无能为力，又看不到出路，于是发怒。"心理医生多丽丝·赫尔明（Doris Hellmin）在《感觉能力》一书中指出："女性更多的是在家里发脾气。她可能会在工作中忍受上司的无理而一言不发；而在家里，孩子磨蹭却能气得她大怒，暴跳如雷。"

社会规范也在左右着人们对男女表达愤怒的接纳：在某种程度上，小男孩的攻击性是得到认可的。男人提高嗓门，或者想动手捍卫自己，往往被认为是男子汉气概。相反，女人直接表达自己的愤怒就有可能被看成是泼妇，形象大损。

压抑还是爆发

心理治疗师让-包罗·奥斯特（Jean-Paule Austruy）说："有一个误区是，从小我们就被教导不要让怒火酿成苦果，害人害己。"

压抑愤怒会引起一系列的机能障碍：不满情绪会转化成一种内心的狂躁，让神经饱受考验，甚至变得更敏感易怒。怒火很可能会找到一个替罪羊，发泄在无辜者身上。最关键的是，压抑愤怒并不能真正保护自己的利益，反倒增加自己的痛苦，最后身体会慢慢用不易察觉的病痛来消化这些情绪。

一项基于面部表情观察的心理学研究发现：只要不是过于激动，愤怒对人的身心健康是有好处的。当出现紧张情绪时，那些以短暂的愤怒做出反应的人，会有一种控制和乐观的感觉，而这正是那些反应为害怕的人所缺乏的。

心理学家詹尼弗·莱纳(Jennifer Reiner)说："在令人紧张害怕的情况下，愤怒是一种合适的情绪。愤怒不是坏事。事实上，愤怒比恐惧对人的健康更为有利。"当然，长期的爆发性的愤怒或者对外部世界持有一种敌对情绪，则对健康有害。

发怒三部曲

"怒火的背后总是隐藏着痛苦"，奥斯特认为，"但是不分青红皂白地乱发脾气也是愚蠢的。"必须学会把失望的这种能量向外发泄。当愤怒来临时，试试下面的"发怒三部曲"：

● 分散注意

当突如其来的愤怒袭上心头，言辞冲撞、歇斯底里只能让局面变得更糟。此时最关键的是保持冷静。这不太容易，但你可以试试：默念从1到10；去一个无人的地方大声喊叫；摔打枕头、撕纸片等，转移注意力；或者给好朋友打电话倾诉一番。只有克制对刺激物的瞬间情绪反应，你才能进入下面更理性的环节。

● 理清思绪

有时候只是一件无足轻重的小事，就能让你变得气急败坏，怒不可遏。到底是什么点燃了你心中的怒火？试着问问自己这些问题:是你感到受伤害吗?他/她是有意还是无心的?“别人肯定是故意的”,你肯定自己没有弄错吗?是不是你太敏感的原因?情况真的严重到要你暴跳如雷吗?有没有不发怒却能解决问题的方式?你大吼大叫到底是想达到什么目的,让对方望而生畏,还是希望和他沟通?……如果是在盛怒之下,你根本无法回答这些问题。但是,你应当试图回答这些疑问。只有这样,你才能知道接下来该做什么。

● 表达不满

一旦觉得已经控制了情绪,你就可以表达自己的感受了。但请注意,要真诚,也不要降低自己的原则。心理学家托马斯·高登(Thomas Gordon)为我们推荐了一个方法:说出自己的感受,但是不能站在别人的立场。和对方说哪些行为让你感到不满:“当你……”说出自己的感受:“我觉得……”和对方分享你的期望:“我希望能这样,因为……”表达你现在的需要并说明原因:“我请你……是因为……”等等。

不要忘记你的目的是重新找到关系中的平衡以维持良好的关系。不要滔滔不绝,不要不容对方说话,也不要在他/她面前让步。只有找到修整你们关系的方法,才能真正达到目的,让每个人都保留自己的完整性。“表达愤怒的好处远远不止是出了口恶气,”奥斯特说,“它的可贵之处是重建自己和自己、自己和别人的关系。”所以,好好地、小小地发一次怒,会让我们找回和谐。

正确看待焦虑情绪

焦虑是一种很奇特的感觉,或许我们可以用“惴惴不安”这个词来形容。请你想象一下,如果老师告诉你,明天上午请你在全校大会上做主持人,可是你平时根本就没有做过这样的事情,你会有怎样的感觉呢?你会觉得脸红红的、心咚咚直跳;有的同学会满头大汗,手心也会潮潮的。想象力特别丰富的同学会直接想象,自己就站在全校老师和同学的面前,准备开始讲话了,可能还会觉得身体硬邦邦的,甚至有点发抖。

焦虑这种感觉经常会出现在我们的生活和学习中。比如明天要参加重要的考试,会不会反复的检查自己的笔袋,看看东西有没有带好呢?有的时候你会看到自己的爸爸妈妈出门的时候老琢磨一个问题:哎呀,我刚才有没有锁好门啊?想必看到这里,你会想起很多和"焦虑"有关的事情了。

焦虑经常会出现在我们的生活和学习中。亲爱的同学,你是如何减少焦虑的呢?

我们说了那么多焦虑的感觉,那么,焦虑到底会对我们造成怎样的影响呢?举个实验的例子来说明好了。

心理学家们曾经把一只猴子关在一个笼子里,笼子里面装了电极,会放出电打这只猴子。每次电击之前,笼子的门边会有一个红灯亮起来,如果猴子能及时拉下红灯旁边的开关,那么电击就不会发生;如果没有按到或者按慢了,电就会啪擦一下打到猴子身上。电打起来当然很痛了,猴子一点都不想被电击。这只聪明的猴子很快就学会了拉开关以避免被电击,每天都很认真地蹲在红灯旁边,灯一亮,马上就跳起来拉动开关!我们叫它机智的猴大好了。

这时候呢,实验者们把猴二也关进了笼子。猴二能学会拉开关吗?

事实是:咱们这位每天好吃好睡的猴二同志根本就没有被电击过, 因为每次只要红灯一亮,机智的猴大就立刻跳起来拉开关了。

猴大和猴二就这样在一起生活了十几天。直到有一天……其中一只猴子死了。

你觉得死的是机智的猴大呢,还是呆萌的猴二呢?

答案揭晓:死的是机智的猴大。

实验者们解剖了猴大,惊讶地发现猴大患上了严重的消化道溃疡,胃坏掉了。这种会让可怜的猴大死亡的情绪刺激就是焦虑。

好了,看完这个实验你有什么感觉呢?如果你觉得很惊讶、很害怕,请轻轻地拍拍自己的脸颊,看着镜子很认真地告诉自己:我是人——可以帮助自己变得更好的人,而不是可怜的猴大。

当我们感觉自己已经陷入焦虑之中的时候,应该怎么做呢?下面介绍了一些方法,你可以试一试。不过在看这些方法之前,你可以先做几个深呼吸,试试和自己的好朋友在一起吐槽;或者在空气清新的地方散散步,呼吸一下新鲜空气;还可以在安全的环境中试着大声地把自己担心的事情呐喊出来;也可以安静地记下一篇心灵笔记;听自己喜欢的音乐和哼歌。如果你觉得这些方法还不够,可以试一试下面别人的方法。

戴尔·卡耐基主张面对焦虑及担心的基本原则有三点:一是弄清事实,二是分析事实,三是做出决定。

要减少焦虑与害怕,首先就要清楚知道事实。具体步骤是:

第一步:评估

① 我在怕什么?(或是我在焦虑什么?)

② 我为什么怕?(或是为什么会焦虑?)

要对这些做直截了当的探索,越具体越好,最好拿出纸笔来,清楚地写下来,问题才会明朗,仅用头脑想是不够的。

第二步:理解

① 哪怕我所担心的事情真的发生了,或是最坏的结果发生了,是否真的那么可怕?

② 其他人是不是也经历过类似的遭遇？他们是不是就这样完蛋了呢？

③ 如果真的发生了，我是不是完全没有办法了？

评估及理解是很重要的消除焦虑的两大步骤，因为只有面对可能会发生的最坏后果，我们才能从容地面对现实。

评估与理解自己的焦虑之后，接下来就要面对现在的问题。

第三步：再次评估现在的情况

① 现在真正的问题是什么？（例如面对考试紧张的真正问题是什么）

② 问题的起因是什么？（是考前的练习不足，还是对自己考试时会表现的紧张感到担心）

③ 解决的办法有哪些？（对于你本人来说，最适合的调整状态的方式有哪些）

④ 决定用哪种办法？

⑤ 什么时候开始做？

第四步：方法的有效性评估

目的是了解此方法有没有帮助，若没有，立刻就改变。

自助练习

在生活中每个人都会紧张。当处于紧张的状态下时，我们全身的肌肉都会变得紧张起来，而肌肉的紧张会引起身体上的各种反应：脸红、心跳、额头和手心出汗、手发抖、身体僵硬或颤抖等。这些反应会进一步导致紧张，形成一种恶性循环。缓解身体紧张最有效的方法就是学会进行放松训练，身体放松后，就能消除或者缓解焦虑以及身体不适感，而且此时，你的心理也能得以放松。

请按照以下步骤,学习如何调理自己的状态:

1. 预备(1分钟):找一个舒适的姿势坐着或平躺着,放松你的手脚;掌心向上;轻轻转动脚踝;头慢慢侧向一边;感觉整个身体深深沉入地下;闭上双眼;全身放松。

2. 深呼吸(2分钟):开始第一次深呼吸,首先深深吸气,使身体内充满空气,然后让气体从胸腔流动到喉部,再流动到鼻腔;保持(大约5秒钟),然后突然收腹,将胸腔、喉部和鼻腔内的气体全部吐出;感受一下全身放松的感觉。现在开始第二次深呼吸;慢慢地深深地吸气,呼气。然后第三次深呼吸;静静感受全身舒适放松的感觉。

3. 收紧脚趾(1分钟):现在将脚趾弯曲,紧紧抓住地板;保持紧张状态(10秒钟);松开脚趾,放松;深呼吸;然后将脚趾尽量张开,向上向外伸展;保持紧张状态(10秒钟);恢复原状;放松;体会脚部那种舒适温暖的感觉。

4. 收紧腿部(30秒钟):突然收紧双腿的肌肉;保持紧张状态(10秒钟);松开;让双腿充分放松,深深沉入地下;继续缓慢地深呼吸(5秒钟)。

5. 收紧臀部(30秒钟):收紧臀部肌肉;保持(5秒钟);然后松开;让整个身体深深沉入地下;缓慢地深呼吸,全身放松。

6. 收紧腹部(30秒钟):收紧腹部肌肉;挤出那里的紧张感;保持状态(10秒钟);松开肌肉;感受温暖放松的感觉。

7. 收紧双臂和肩膀(30秒钟):高高耸肩,紧握双拳,拉紧手臂肌肉;保持状态(10秒钟);突然松开这部分肌肉;感受放松和舒适的感觉。

8. 收紧全身肌肉(1分钟):收紧全身每一部分肌肉;拉紧面部肌肉,皱眉;保持状态(10秒钟);突然同时放松;身体深深沉入地下;全身充分放松,四肢放松;静静地躺上一会儿。

9. 使注意力集中在眉间(30 秒钟):现在,让你的头轻轻侧向一边,下巴放松;嘴唇张开;闭上眼睛,将注意力集中在眉间;慢慢地深呼吸;放松;让自己所有的注意力、思想、感觉都集中在眉间;整个人沉入到那个空间中去。

10. 想象自己置身于一个美丽的地方(2 分钟):在眼前开始出现你一直渴望见到的最美丽的景色;让景色逐渐变得越来越清晰;慢慢进行;让那个地方聚焦(10 秒钟);现在看到你已置身其中,进入了那个仙境一样的地方;感受身临其境的美好感觉;体验全身心的放松和舒适;静静地待在那个地方;像先前那样慢慢地进行深呼吸(60 秒)。

11. 结束(60 秒钟):现在让你脑海中的美丽画面慢慢隐去(15 秒);睁开双眼;慢慢坐起来;结束放松训练。

放松训练的一般原则为:

※ 坚持每天练习,才能起到较长期的效果。

※ 每天练习 2~3 次。不要空腹和饱餐后练习,房间里也不要太冷或太热。

※ 练习时需找一个安静的环境,穿着宽松的衣服。要以"自然"的态度去练习,投入地体验,而不是时刻顾虑"我是否能达到放松"。

※ 练习时,请注意通过鼻子呼吸。深呼吸时注意要缓慢、均匀,而不是快速地呼吸。

这个方法是自己一个人就可以完成的练习,完成后如果你还是觉得很难过、很紧张,可以试着向自己喜欢的老师或爸爸妈妈求助。请一定记住,有很多情绪,并不需要独自承担。

培养良好的意志力

有种感觉，叫挫折

心理小测试

心理学上所说的挫折，是指人们为实现预定目标采取的行动受到阻碍而不能克服时，所产生的一种紧张心理和情绪反应。

这里有一个小测试，可以帮助你初步了解自己的挫折承受能力。

1. 在过去的一年中，你自认为遭受挫折的次数：

A. 0～2次　　B. 3～4次　　C. 5次以上

2. 你每次遇到挫折：

A. 大部分都能自己解决

B. 有一部分能解决

C. 大部分解决不了

3. 你对自己才华和能力的自信程度如何：

A. 十分自信　　B. 比较自信　　C. 不太自信

4. 你面对问题时经常采用的方法是：

A. 知难而进　　B. 找人帮助　　C. 放弃目标

5. 有非常令人担心的事时,你:
   A. 无法坚持学习
   B. 不耽误学习
   C. 介于A、B之间
6. 碰到讨厌的对手时,你觉得自己:
   A. 无法应付
   B. 应付自如
   C. 介于A、B之间
7. 面临失败时,你:
   A. 破罐破摔
   B. 使失败转化为成功
   C. 介于A、B之间
8. 学习计划进展不快时,你:
   A. 焦躁万分
   B. 冷静地想办法
   C. 介于A、B之间
9. 碰到难题时,你:
   A. 失去自信
   B. 为解决问题而动脑筋
   C. 介于A、B之间
10. 学习感到疲劳时,你:
   A. 总是想着疲劳,脑子不好使了
   B. 休息一段时间,就忘了疲劳
   C. 介于A、B之间
11. 学习条件恶劣时,你会:
   A. 无法坚持学习
   B. 能克服困难
   C. 介于A、B之间
12. 产生自卑感时,你会:
   A. 不想再干了

B. 立即振奋精神继续努力

C. 介于A、B之间

13. 接到你很难完成的任务时,你会:

A. 顶回去了事

B. 全力以赴,不计较结果

C. 介于A、B之间

14. 困难落到自己头上时,你:

A. 厌恶之极

B. 认为是个锻炼

C. 介于A、B之间

评分:

1—4题,选择A、B、C分别得2、1、0分;

5—14题,选择A、B、C分别得0、2、1分。

结果:

19分以上:说明你的抗挫折能力很强,勇于面对人生挑战。

9~18分:说明你虽有一定的抗挫折能力,但对某些挫折的抵抗力薄弱。

8分以下:说明你的抗挫折能力较弱,需要好好加油哦。

什么是挫折?

挫折这种感觉,我们在很早的时候就已经开始经历了:

当你还是小小孩的时候,只能看着却不能亲手够到自己想要的东西,这是挫折;

在你刚学会走路的时候,爬楼梯那种千难万险,也是挫折;

当你刚学会说话的时候,咿咿呀呀试图跟妈妈说清楚你想干吗时那种费劲儿的交流,也是挫折;

第一次开始自己吃饭，吃得满地都是但送进嘴巴里面的没几勺，也是挫折；

第一次自己穿衣服，扣啊扣啊，衣服就是扣不上，也是挫折；

第一次自己系鞋带，怎么都没办法系得像妈妈弄得那么好看，也是挫折……

虽然在现在的你眼里这些都是小事情，但是当你还是小小孩的时候，那种挫折的感觉可是货真价实的呢。

伴随着你一点点的成长，遭遇挫折是在所难免的事情，生活中的不顺利、学习上的困难、同学之间的一时误会或摩擦、恋爱中的波折等——越长大越烦恼，生活总会给你些不那么称心如意的添头。而遇到挫折时常会引起一些不良的情绪反应，如紧张、消沉、焦虑、惆怅、沮丧、忧伤、悲观、绝望等。消极的情绪如果长期得不到消除或缓解，就会慢慢损害身心健康，使人变得消沉颓废，一蹶不振；或愤愤不平，迁怒于人；或冷漠无情，玩世不恭；或导致心理疾病，精神失常，甚至引发更为严重的后果。但若能良好地应对挫折事件，则会给人带来深刻的感悟和强大的力量。因此，怎样对待逆境、应对挫折，对于每一个人来说都是一次严峻的考验，需要用行动做出抉择。

在心理学的概念中，挫折是指人们在有意识的活动中，受到了无法克服的阻碍或干扰，其需要或动机不能满足所产生的一种紧张心理和消极反应。产生挫折的原因有外部的，也有内部的：一般来说，外部原因是非人为的环境因素；内部原因是指个人的生理、心理因素等带来的阻碍和限制。

什么是挫折承受力？

虽然挫折的来源十分繁多，然而承受挫折的能力是相对一致的。

挫折承受力是指抵抗挫折、及时调节心理不良感受的能力,即个体适应、抗御和应对挫折的能力。影响挫折承受力的因素主要有生理条件、经验、认知因素、个性因素、社会支持五个方面。

一个身体健康、发育正常的人,对挫折的承受力一般比一个疾病缠身、有生理缺陷的人要高。不过你要知道"百炼成钢""久病成良医",有时候一些缺陷反而会成为意志坚强的人抵抗挫折的强大动力。

在婴幼儿期所受的挫折刺激较多,可使成年期的行为更富于适应性和多变性。相反,极少受挫折、一贯顺利、总是受到赞扬的人,就没有足够的机会学习和积累对待挫折的经验。他们的自尊心往往过于强烈,对挫折的承受力很低。当然,任何事情都应有个"度"。如果青少年遭遇的挫折太多、太大,超出了心理承受的范围,也会影响以后的发展,可能形成自卑、怯懦等性格,缺乏克服挫折的勇气。

挫折刺激是通过人的认知而作用于情绪,从而产生各种心理行为反应的。认知是指人对周围事物的想法和观点,也就是人的认识活动。由于认知方式不同,同样的挫折情绪,对每个人造成的打击和心理压力是不同的。比如,一次考试失利了,如果你认真检查原因,发现这次考试是由于自己对某个知识点的掌握还不够牢固,接下来针对原因调整学习方法和计划,那么这次的失利对你来说就不是个事儿;换个角度,你觉得是因为自己"太笨",真的没法学好这一科,这次的失利就印证了"太笨"的看法,那打击就有点严重了。

除了认知之外,一个人的性格特征、兴趣爱好、世界观都对挫折承受力有重要作用。性格开朗、乐观、坚强、自信的人挫折承受力强;性格孤僻、懦弱、内向、心胸狭窄的人挫折承受力差。个人兴趣也是应付挫折不可忽视的因素。当人们对某件事有浓厚的兴趣,一心钻研。在别人看来很苦的事,他们却乐在其中,挫折承受力就强。

一个人的社会支持系统也会对挫折承受力产生影响。当一个人感到有可以依赖的人在关心、爱护和尊重自己时，就会减轻挫折反应的强度，增强挫折的承受力。正如人们常说的，“一个痛苦两个人分担，痛苦就减轻了一半”。

我们该如何看待挫折呢？

挫折既能使人走向成长、取得成就，也可能摧毁一个人的理想和希望，关键在于对挫折怎样认识和采取什么态度。生活中的挫折是不可避免的。那么，我们应该怎样看待挫折呢？

首先，要勇于承认挫折，在挫折面前不要逃避。没有谁是一出生就会走路说话、无所不能的。如果不经历困难和挫折，一生一帆风顺，就犹如温室里的花卉，经不住人生中的风霜雨雪，很容易被一时的挫折压垮。

其次，要学会培养自己的耐挫折的能力。在挫折面前，每个人的耐受力往往不尽一致，甚至差别很大。对挫折的耐受力，虽然与个人的神经类型有关，但更重要的是来自于后天的教育、修养、实践、经验和锻炼。在现实生活中，每个人都可以通过自觉、有意识的锻炼来提高自己对挫折的耐受力。

最后，还应该学会一些应对挫折的技巧。凡是经历磨炼、有修养的人，每逢受到挫折时，大都有一些灵活应变、化险为夷的窍门。你不妨细心收集一些事例和方法，以帮助自己更好的应对挫折。

应对挫折有妙招

挫折并不需要一个人默默承受。寻找家人和朋友的理解、支持，寻求帮助和指导，对信赖的

遇到挫折应进行冷静分析，从主客观、目标等方面找原因，采取有效的补救措施。在前进中及时调整自己的目标，化压力为动力。

人倾诉你的烦恼，都是很好的方法。在这里给你推荐两个应对挫折的小方法：

① 优势比较法。

在遇到挫折时，可以先想想那些比自己受挫更大、困难更多、处境更差的人。通过比较，将自己的失控情绪逐步转化为平心静气。然后，寻找分析自己没有受挫感的方面，即找出自己的优势点，强化优势感，从而增强挫折承受力。

② 目标法。

挫折干扰了自己原有的生活，毁灭了自己原有的目标，那么我们可以在认真分析挫折的基础上，重新寻找一个方向，确立一个新的目标。新目标的确立，需要经过认真的分析和思考，这是一个将消极感受转向理性应对的过程。合理的新目标一旦确立，人往往会生出调节和支配自己新行动的信念和意志力，从而排除挫折干扰，去努力进行达到目标的行动。目标法既可以抑制和阻止人们不符合目标的心理和行动，又可以激发和推动人们去从事达到目标所必需的行动，从而鼓起人们战胜困难的勇气。

挫折同样蕴含力量，正确应对挫折的刺激可以帮助你更好地挖掘自身潜力。对于一个生活的强者来说，挫折无异于一剂催人奋进的兴奋剂，可以提高他的认识水平，增强他的承受力，激发他的活力。而对一个弱者来说，挫折会减弱他的成就动机水平，降低他的创造性思维活动水平，减弱他的自我控制力，以致发生行为偏差。

拓展阅读：习得性无助

心理学中的“习得性无助”是指有机体经历了某种学习后，在情感、认知和行为上表现出消极的特殊的心理状态。

1975 年塞里格曼在动物实验的基础上，以大学生为被试开展研究，发现人也会产生习得性无助的现象。

实验是在大学生身上进行的。事先将参加实验的学生分为三组，进行第一阶段的实验：让第一组学生听一种噪音，而且不管这组学生做什么，噪音都无法停止；第二组学生也听到这种噪音，不过他们通过自己的努力，可以让噪音停下来；第三组是对照组，不需要做具体的事情，也不会听到噪音。

当接受测试的学生在各自的条件下进行一段时间的实验后，开展第二阶段的实验。塞利格曼制作了一个实验装置“手指穿梭箱”：当学生们把手指放在穿梭箱的一边时，就会听到一种强烈刺耳的噪音；放在另一边时，噪音就会停止。实验结果表明，在第一阶段的实验中，能通过努力使噪音停止的学生和从没听到噪音的对照组学生，在“手指穿梭箱”的实验中，很快就学会了把手指移到箱子的另一边来使噪音停止；而第一组学生，也就是在第一阶段的实验中无论怎样努力也不能让噪音停下来的那一组，他们的手指仍然停留在原处，任凭刺耳的噪音一直响，也不会去尝试把手指移到箱子的另一边。

为了进一步说明“习得性无助”对人的学习和积极行为有消极影响，塞里格曼又做了另外一项实验：要求学生们把字母排列成字，比如 ISOEN、DERRO，可以排列成 NOISE 和 ORDER。学生要想完成这一任务，必须掌握特定的排列规律，也就是把字母按照 34251 这种规律进行排列。实验结果表明：在之前的噪音实验中产生了无助感的学生，很难完成这一任务。随后的很多实验也证明了这种习得性无助在人身上也会发生。

这一系列的实验实际上表明：如果一个人总是在一项工作上失败，他可能就会在这项工作上放弃努力，甚至还会因此对自身产生怀疑，觉得自己“这也不行，那也不行”“无可救药”等。而事实上，此时此刻的我们并不是“真的不行”，而是陷入了“习得性无助”的心理状态中。这种心理让人们自设樊篱，把失败的原因归结为自身不可改变的因素，从而放弃继续尝试的勇气和信心。

独立，但不要孤立

电视新闻栏目曾报道了一个事件：5 名初中生失踪两天，最后被交警在高速公路上发现并送返家中。

为什么 5 个孩子会离开温暖的家徒步走向另一个陌生的城市呢？57 千米的路程，走了整整两天；没有饭吃，渴了也只是从路边的水龙头里胡乱接点自来水喝。这样的旅途绝对不是开心和快乐的。

当问到他们为什么离开家的时候，答案出人意料：“因为校外的小混混胁迫他们给钱；拿不出来就栽赃他们弄坏人家的车子，修理行说要赔偿 30 万元！”

30 万！对于还不到 15 岁的男孩子来说，这完全就是一个天文数字啊！被吓坏了的孩子们不敢回家，不敢告诉任何人，只是凭借自己的力量想去找到那个小混混理论，却又没法逮到他，于是就上演了这两天的艰苦行程。就在他们离家的时候，家长们满城找得焦头烂额。焦急的父母泪流满面，却不知道自己的孩子出了什么事情。

亲爱的同学，你是否遇到过类似的事情呢？当我们遇到自己无法避免的伤害时，不敢告诉父母、不敢告诉老师，因为害怕被责骂、惩罚。可是如果我们受到的伤害远远超过自己的承受能力，依然要这样做吗？

可能你会告诉我：“我已经长大，我可以自己解决面对的难题。”有同学会说：“如果这个事情给爸妈知道，我只会更惨。”也有同学会说：“告诉爸妈也没法解决啊。”

也可能有相当一部分同学认为如果告诉学校这些事情，通常换来的是处分或者批评。再者，即使告诉学校，学校也无法为他们提供安全的保护措施，比如放学后的安全可能无法获得及时的帮助。

有时候我们遇到一些问题，依靠自己的力量的确可以解决；或者随着时间的变化，有些东西不再会挂心，不会影响到自己的生活。可是当我们遭遇自己无法解决的伤害时，一味地隐忍避让只会给自己带来更深的烦扰。我们需要学会如何更好地保护自己、获得帮助。请记得，寻求独立的时候，不要孤立了自己。

当我们遭遇自己无法解决的伤害时，一味地隐忍避让只会给自己带来更深的烦扰。我们需要学会如何更好地保护自己、获得帮助。请记得，寻求独立的时候，不要孤立了自己。

在威胁与暴力来临之际，告诉自己不要害怕

要相信邪不压正，大多数的同学与老师以及社会上一切正义的力量都是自己的坚强后盾，会坚定地站在自己的一方。一旦内心笃定，就会散发出一种强大的威慑力，让坏人不敢贸然攻击。

要有及时求助的意识

特别是个子矮小、体力单薄的学生被欺负

时，要及时报告家长、老师，请求其出面解决。有些同学认为告诉老师也没用，于是就用打架、斗殴等方式来解决。而在自己和他人受伤害之后，事情最终还是交由学校解决。既然这样，何不一开始就寻求最合理的解决方式呢？

要有机警的求助意识

遇到危急时不要逞一时之勇，应保护好自己的人身安全，冷静应对，积极寻找脱身的机会，向警方或亲人求助。

交友须谨慎

要洁身自好，正确处理好人际关系。交友要谨慎，少去情况复杂的公共场所，放学后要结伴安全回家。

遇到小矛盾不能太冲动或意气用事

朋友、伙伴之间，很多小纷争大家事后冷静地想一下，根本就不需要使用过激的手段来处理，好好沟通一下，会更好地促进大家的关系。

受到威胁或伤害，及时向老师、警察申诉报案

坏人的心底也是欺软怕硬的，不要让不良少年或不法分子留下“这个小孩好欺负”的印象。很多时候，当别人伤害我们时，越是隐忍、越是害怕，受伤害的可能性就会越大。如果你表现出来的勇气和决心让对方发现“伤你一千我也得自损八百”，这样的情况下对方多半就没欺负你的念头了。

最重要的一点是，当我们遇到危险的时候，一定要以保护自己为首要任务。

当然，当你的心理遇到了难题，也请认真地寻求帮助。你要相信一定可以找到帮助你的人，哪怕爸爸妈妈平时对你的关注并不多，你也可以从其他亲人、社区、警察甚至媒体中找到帮助你的人。

本节的最后，送你一句话——这句话是我的老师当年告诉我的，现在转赠给你：“没有帮助的独立只是孤立。”

心灵故事：心窗

一个活泼好动的小女孩，在滑雪时不幸摔折了腿，住进了医院。她躺在病床上不能动弹，苦不堪言，度日如年，整日以泪洗面。与她同病房、靠近窗口的是位慈祥的老太太，她的伤已快痊愈了，每天能坐起来，痴迷地观赏窗外的景色。小女孩多想看看窗外的世界呀！可她不能坐起来，病床又不靠窗，自然无法观赏窗外的景色。每当老太太推窗观景时，小女孩羡慕极了，就会情不自禁地问：您看见什么了？能不能说给我听听？老太太爽快地答应：行，行！于是，老太太每天给她细细描述窗外的景色和发生的事。小女孩边听，边想象着美景，不由得心旷神怡，心中那份郁闷寂寞顷刻化为乌有。一个月后，老太太出院了。小女孩迫不及待地恳求医生把她调到靠窗的病床。她挣扎着起身，伸长脖子朝窗外一望，惊呆了：窗外竟是一堵黑墙！但小女孩豁然开朗：是老太太给她推开了一扇心窗！每当她遇到挫折悲伤时，就会想起这位可敬的老太太，想起老太太给她描述窗外的美景……

人在濒临心灵窒息和精神危机时，最需要一双上帝般的手帮他推开一扇心窗，当然，那应是一扇充满欢乐与希望的心窗。希望大家都能常留自己的心窗，每当遇到挫折悲伤，为自己而开放，为别人而开放。

用我的眼看世界

你的记忆力很好吗？是否能够很好地记得某一年、某一月、某一周的某天、某个时间段发生的事情呢？

可能你会摇头，也可能你会点头。每个人的记忆角度是不同的，即使是同一件事情，也会偏向于选择和“我”有关联的部分进行记忆，这也是我们人类看待这个世界的本能角度。这一部分的记忆是你可以主动提取的。比如你学习数学,到考试的时候可以顺畅地把学过的相关知识填写在答卷上;你和朋友一起逛街聊天,提到你俩之间发生的趣事、一起吃过的美食、一起度过的快乐时光。这种记忆我们叫作外显记忆。

而我们的大脑还处理另一种记忆,这种记忆你未必能够精确地提取,但到使用它的时候你自然就知道要做什么和该怎么做。比如怎么用筷子、怎么演奏小提琴等,一旦熟练之后就不需要再费力地去记得每一个细小的步骤了。这些一旦养成程序性习惯就可以得到很好保持的记忆,就叫作程序性记忆,它是内隐记忆的一种。所谓内隐记忆一般是指你不会直接以"知识"的方式提取出来的那一类记忆。除了动作和运动外,还包括你喜爱吃的菜的口味、喜欢听的音乐的旋律、喜欢的氛围等,这些都属于内隐记忆。

看到这里你可能会说,讲这么多记忆的东西有什么用呢?影视作品里面那些失忆的桥段看过吗?每一个失忆的人,实际上丧失的不只是记忆,还有他自己——这才是失忆为什么有如此令人震撼效果的根本原因。

现在请你考虑一个古老的哲学问题:我是谁?

答案来源于你的记忆,和你自己息息相关的记忆。而在生命的早年,你的记忆是由身边的亲人提供的:小时候你很乖,两岁的时候就想帮妈妈擦桌子了;你啊,到了三岁还要妈妈抱呢;从小就很坚强,摔倒了也不哭呢;最喜欢和小朋友一起玩了,一直都笑眯眯的;小时候特爱看书啦,没识字的时候就喜欢拿着报纸假装在看了,不过那时候总是拿反哦……

在童年最初的时候,你的记忆、你的"我"从哪里而来?现在你明白了吗?

我不是一个乖孩子?

我不是一个好学生?

我长得不漂亮?

我是不是已经糟糕得无法挽救?

他/她不喜欢我,是因为我长得不好看……是这样吗?

爸爸妈妈这样对我,是不是因为我做错了?!

——不是!不是这样的!

你是独一无二的——没错,你的确是独一无二的!而独一无二的你,需要花费一生的时间去编织属于你自己的人生,用你的体验、你的足迹、你的历程、你的感悟,用你的双眼去看这个世界,而不是用爸爸妈妈的或是任何其他人的。你得明白:多数人在评价你的时候,是从他的世界出发的,而不是从你的世界。你能明白其中的差别吗?别人可以觉得你还不够好,但这是以他的标准来判断的。

面对别人的评价,你要学会用自己的双眼来看,不要任由别人把大帽子扣在自己脑袋上。当然,也请你公平一点,不要把你的帽子扣在别人的脑袋上。遇到问题,你要认真地分析原因,选择合适的方法来处理,而不是一味地埋怨其他人。

拓展阅读:"伤痕实验"

美国一所大学的科研人员进行过一项有趣的心理学实验,名曰"伤痕实验"。他们向参与其中的志愿者宣称,该实验旨在观察人们对身体有缺陷的陌生人作何反应,尤其是面部有伤痕的人。

每位志愿者都被安排在没有镜子的小房间里,由好莱坞的专业化妆师在其左脸做出一道血肉模糊、触目惊心的伤痕。志愿者被允许用一面小镜子照照化妆的效果后,镜子就被拿走了。关键的是最后一步，化妆师表示需要在伤痕表面再涂一层粉末，以防止它被不小心擦掉。实际上，化妆师用纸巾偷偷抹掉了化妆的痕迹。对此毫不知情的志愿者，被派往各医院的候诊室，他们的任务就是观察人们对其面部伤痕的反应。

规定的时间到了，返回的志愿者竟无一例外地叙述了相同的感受——人们对他们比以往粗鲁无理、不友好，而且总是盯着他们的脸看！

可是实际上，他们的面部与往常并无二致。他们之所以得出那样的结论，是错误的自我认知影响了他们的判断。

这真是一个发人深省的实验。原来，一个人内心怎样看待自己，在外界就能感受到怎样的眼光。

一个从容的人，感受到的多是平和的眼光；

一个自卑的人，感受到的多是歧视的眼光；

一个和善的人，感受到的多是友好的眼光；

一个叛逆的人，感受到的多是挑剔的眼光。

我要学会独立思考

我们现在能看到的既有资料，都是由人来提供的——这个"人"是泛指。资料的提供者可能是编写教科书的老师，可能是百度贴吧的吧友，可能是百度的编写者们，也可能是通过朋友圈、人人网和QQ空间进行内容转发。在编写或转述的过程中，很多信息为了精简或突出撰写者想告诉你的部分，会经过一定的组织和再创造——就好像你和朋友争论一个话题，你试图说服他/她时那样。在这一过程中，原本的意思发生变化、缺失甚至扭曲都是有可能的。我们可以通过更多的渠道搜集资料、扩展对特定问题的知识面或直接动手亲自实践来积累足够的素材,然后再对想弄明白的问题进行分析。在这个过程中,不要害怕收集到那些看起来完全对立的信息——这样的信息是你全面认识问题的开始。当你亲手完成了一次独立分析,相信你对很多问题的理解会更加全面而深入。

身处一个信息爆炸般充斥四周的世界,养成独立思考的能力是非常重要的。只有当你开始独立思考,并努力去全面看待一个问题的时候,你才能够更好地回答:我看到的这个信息是真实的吗? 又或是,我的学习目标适合我目前的学习程度吗? 哪些学习方法才是更适合我的? ……独立思考就是这一系列问题得到解答的开始。

除了知识性的问题外,你还可以用这样的方式思考和你息息相关的重要问题,比如:我的梦想? 我到底是一个怎样的人? 我的未来会是怎样的? 我选择哪个学校/专业比较好? 爸妈/老师说我怎样,那我就真是那样的吗?

那么,独立思考要怎么做比较好呢? 下面的小建议可以供你参考:

① 明确问题,集中在特定的方向。

② 收集足够的高质量素材,包括亲手实践和对立思想的辨析。

③ 结合自己的实际进行思考和分析。

④ 在辨析的基础上,汲取他人的经验,最好是亲自验证一下。

当然,以上只是建议,这个问题的最终答案需要你自己来独立地思考。

养成独立思考的习惯能让你更好地认识自己,而不是片面地靠朋友或是爸妈的评价来判断自己。

做人际交往能手

我和我的家人

随着年龄一点一点地增长，有一天你会发现，曾经放学后和爸爸妈妈那些说不完的校园趣事变得不再想说了；爸妈对你的约束好像有点多了；明明自己不想说话，爸妈却总是不厌其烦地来“骚扰”你。或许你会问自己，这是怎么了？

当你长到12岁左右的时候，会迎来人生中一个很重要的阶段：生理发育和自我意识追求独立的时期，也就是“青春期”。有不少同学开始觉得和家长的关系是个很大的问题，存在“代沟”。什么是“代沟”呢？指的是年轻的子女和父母在思想观念及价值观念上存在的距离，并由此导致两代人之间的相互不理解，产生隔阂。

这时候与父母产生代沟的具体原因，从子女的角度说，常常有以下几个方面。

● 青春期产生强烈的独立意识●

一方面，随着进入青春发育期，生理、心理急剧变化，身高、体重迅速增加，第二性征开始出现，同时，心理上也在迅速地向成人过渡，独立意识明显增强。身体的迅速成长使我们获得了力量和勇气，产生了青春期强烈的成人感、自主意识和独立意识；但还不能很好地、客观地评估自己的力量。

另一方面，父母认为你还是孩子，依旧处于被保护阶段，他们没来得及接受你已经长大的事实。孩子们这种青春期突如其来的变化与父母原有的不变的认识必然会碰撞出不和谐的音调来。

● 青春期心理的闭锁性 ●

随着青春期生理的发育，初中生心理也发生了一些微妙的变化。喜欢关上门，自己写日记，听流行歌曲，甚至干脆呆坐闲想，从行为上讲不再在父母怀里撒娇，从心理上则可能产生闭锁性，不再像小时候那样有什么事情都和父母诉说。这些变化也会让父母误以为是孩子故意疏远自己。他们会因此不安，会更加密切关注孩子的动向，常常悄悄溜进孩子的房间探究一下，凡此种种也会引发矛盾。

● 青春期心理的叛逆性 ●

进入青春期，同学们开始独立思考，用自己的眼睛去看世界，用自己的头脑去思考客观世界，开始自己主宰自己，而且这种倾向越来越明显，这种愿望越来越强烈。同时，开始对父母和老师的教导产生怀疑，对大人的要求开始逆反。一些不良习性如任性、以自我为中心等，在进入青春期后会变得突出，甚至连父母的正确批评都听不进去。

这里介绍一些方法可以把你们与父母的距离缩小到最小的程度，如果你做出小小的改变就可以使家庭气氛保持温馨、宁静和愉悦，你愿意尝试一下吗？请试试看吧！

对待父母的态度要温和，不采取偏激的行为方式

进入青春期的中学生对父母的崇拜、依赖、依恋、顺从减弱，这种现象有人称之为“离巢”现象。孩子的骤然长大使父

处理与父母的关系主要还是自己多学会换位思考，多和父母交流沟通。

母一下子失落很多，心里也空落落的。所以我们要理解这种心情，对父母态度要温和，即使自己不能接受父母的观点也不要急于顶撞、闹气，可以认真聆听，这样至少可以给父母一点安慰。其实，他们何尝不知道孩子长大了，肯定有自己的想法，只是忍不住要说而已。多数父母对我们的要求并不高，只要我们有礼貌、态度温和他们就知足了。两代人的成长背景决定了代沟永远不可能缩小到零，但是通过我们的努力可以把它的负面影响降到最低。

要具备和表现出一定的独立能力，让父母放心

如果你从小衣来伸手、饭来张口，连自己的内衣都不会洗，上学从来都要父母接送，现在突然一放学就把自己关在房间里，或经常玩到很晚才回来，怎么不让父母忧心忡忡？这不是父母不放心，是你的表现没法让他们放心。试着自己的事情自己做，具备和表现出一定的独立能力，并经常关心父母，帮他们做做家务，让他们觉得“我们的孩子长大了，能干了”，他们自然就不会过多地干涉你的行动了。

可保持自己的独立性，但不要忽略与父母的交流与沟通

父母也是从我们这个年龄走过来的，他们也经历过“疾风骤雨”的青春期，以他们几十年的生活经历，看问题可能会更加全面深入。我们在慢慢长大，应该学着独立，但独立和成熟都有个过程，不是突然的。试着找时间坐下来，多和父母谈心沟通，跟他们谈谈你的烦恼、你的理想、你对某个问题的思考和认识。相信父母也会很诚恳地与你交谈，从中你可以得到很多有益的启示。不要认为和父母谈心是“没长大”，善于和父母沟通正是你越来越成熟、独立的表现。在交流沟通中，说不定父母也会受到你的影响，接受一些年轻人认可的新生事物，那样，岂不是无形中缩小了代沟？

亲爱的同学，希望你们在日常生活中，学会并善于处理各种关系，健康、快乐地成长！

心灵故事

一个小男孩认为自己是世界上最不幸的孩子，因为患脊髓灰质炎而留下了瘸腿和参差不齐且凸出的牙齿。他很少与同学们游戏或玩耍，老师叫他回答问题时，他也总是低着头一言不发。

在一个平常的春天，小男孩的父亲从邻居家讨了一些树苗，想把它们栽在房前。他叫他的孩子们每人栽一棵。父亲对孩子们说，谁栽的树苗长得最好，就给谁买一件最喜欢的礼物。小男孩也想得到父亲的礼物，但看到兄妹们蹦蹦跳跳提水浇树的身影，不知怎么地，萌生出一种阴冷的想法：希望自己栽的那棵树早点死去。因此，他浇过一两次水后，再也没去搭理它。

几天后，小男孩再去看他种的那棵树时，惊奇地发现它不仅没有枯萎，而且还长出了几片新叶子，与兄妹们种的树相比，显得更嫩绿、更有生气。父亲兑现了他的诺言，为小男孩买了一件他最喜欢的礼物，并对他说，从他栽的树来看，他长大后一定能成为一名出色的植物学家。

从那以后，小男孩慢慢地变得乐观向上起来。

一天晚上，小男孩躺在床上睡不着，看着窗外那明亮皎洁的月光，忽然想起生物老师曾说植物一般都在晚上生长，何不去看看自己种的那棵小树。当他轻手轻脚来到院子里时，却看见父亲用勺子在向自己栽种的那棵树下泼洒着什么。顿时,他明白了一切,原来父亲一直在偷偷地为自己栽种的那棵小树施肥!他返回房间,任凭泪水肆意地奔流……

几十年过去了,那瘸腿的小男孩虽然没有成为一名植物学家,但他成了美国总统,他的名字叫富兰克林·罗斯福。

爱是生命中最好的养料,哪怕只是一勺清水,也能使生命之树茁壮成长。也许那树是那样的平凡、不起眼,也许那树是如此的瘦小,甚至还有些枯萎,但只要有这养料的浇灌,它就能长得枝繁叶茂,直到长成参天大树——请珍惜你的那棵幼苗,感受那些点滴的温暖和帮助,这可以让你的生命之树更加茁壮。

我和我的小伙伴

试着回想一下,你可能会发现一件很有趣的事:幼儿园和小学低年级时候的小伙伴中既有男生也有女生;而进入小学高年级之后,你会更倾向于和同性别的小伙伴打交道,在异性小伙伴面前开始会有那么一点不好意思了。不过在你回想过程中有一点是肯定的:随着你年龄的增长,小伙伴在你的生活中越来越重要。那么从心理学的角度来说,小伙伴到底是怎样的一个存在呢?

和小伙伴之间的关系我们称之为同伴关系,主要指同龄人间或心理发展水平相当的个体间在交往过程中建立和发展起来的一种人际关系。同伴关系在青少年的发展和社会适应中具有无法取代的独特地位。通俗地说,就是小伙伴对你很重要。

心理学里面有一个马斯洛需要层次理论。这一理论认为,归属、爱以及尊重是人的缺失需要,也就是必不可少的需要。当你在同伴集体中被接纳并建立起友谊,进而在集体中占有一定的地位,受到同伴的肯定和赞许,将会获得依恋感、亲密感、同盟感和归属感。特别是对于处于青春期的青少年来说,随着生理和心理发生急剧变化,在你面前出现的那些困惑和迷茫,最好的分享对象就是同龄的小伙伴了。一个关系稳固的同伴群体和亲密朋友满足了这一需要。这一时期奠定的友谊很可能会持续一生——关系最亲密的“闺蜜”和“兄弟”都是在这个时候出现在你的世界里的。

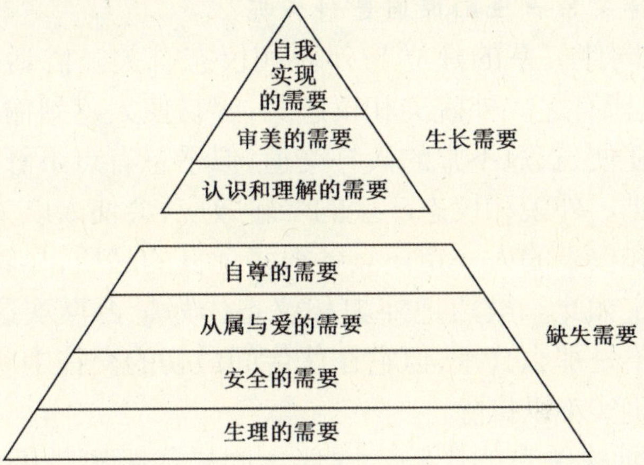

你还记得幼儿园时的小伙伴吗?你们纯真的友谊是从什么时候开始的呢?如果你还记得的话,幼年的友谊都是从一次游戏开始的。共同分享一个玩具,共同分享一袋好吃的饼干,并且在游戏中学会商量和一起玩耍,奠定了早期的友谊。虽然那个时候爸妈和幼儿园老师的夸奖对你来说非常重要,但在和小伙伴的玩耍中,你逐渐学会了如何用自己的方式去和同龄人打交道。

进入小学以后,小伙伴对你的影响就更大了。一起上学,一起放学,一起做作业、讨论困难的题目,完成小组作业。当然,更多的记忆是一起在操场上奔跑,或许男孩子记得更多的是一起对女孩子恶作剧，女孩子记得更多的是一起保留的那些珍贵的纪念品和美好的回忆。

那么，对于现在的你，小伙伴的意义是什么呢？

这时候的你会比以前更迫切地想要得到朋友们的认可，更希望分享属于同龄人之间的信息，一群说得来的小伙伴就会形成一个群体。在与同伴的交往碰撞中，你慢慢学会了肯定自我、反省自我，发展健康的自我概念，学到新角色、新技能、新行为。同时，来自不同家庭背景的同伴会为你带来多元化的社会规范和价值观念等，也会交流那些不便或未能由父母及老师传递的信息、社会规范与价值观念。

同伴关系产生的原因是什么呢？

① 同伴关系的建立与外貌和仪态有关。俗话说，爱美之心，人皆有之。外貌美和仪态美，容易使人感到愉快舒服；和行事随便、衣冠不整的人打交道，似乎总有点不舒服、不自在的感觉。外貌和仪态产生的晕轮效应，会使人以为具有美的外貌和仪表的人一定还具备很多优良的品质，尽管这个人并非一定如此。虽然把外貌和仪态作为是否喜欢这个人的理由并不是那么公平，但它在伙伴间最初的交往中所起的微妙作用确实难以排除。

② 地缘关系的影响。同伴之间居住距离越近，彼此交往的次数相对越多，关系也越亲密。住得近，大家更容易相互了解，更容易预测对方的行为，更容易产生安全感。一般来说，同伴之间交往的频率越高，越会增加彼此喜欢的程度。大家都期望建立一种和谐的人际关系，同一个小区、学区的同伴更容易走到一起，联系方便，遇到困难时能互帮互助。

③ 性格的相似性和互补性。认识平衡的原则是决定交往的又一个重要因素，人们一般喜欢和与他们意见一致的人交往，而不喜欢和与他们意见不一致的人交往。价值观和态度的相似性在交往中起着重要作用。有共同话题的朋友之间比较容易聊得开不是吗？不过，也有人倾向于追求那些能

补充自己不足的人。一个活泼好动的同学与一个沉默寡言的同学成为最好的朋友，这样的例子并不少见。

④ 交往意识与扮演角色。具有强烈交往意识的学生，经常希望能与同伴交往，遇事积极参与，常常能获得很多交往的机会，并逐渐形成更好的交往技巧。而那些缺乏交往意识的学生，则不敢也不愿主动参加交往活动，因此失去了很多锻炼的机会，长此以往，就会成为离群索居的孤独者。而大家在学校这个小社会里扮演着各种各样的角色，这种角色也会影响到交往水平。比如一对同胞姐妹，在成长过程中，爸妈总是对她们说：你要照顾好妹妹，妹妹要听姐姐的话。那俩姐妹在平时与别人交往时，总是姐姐出面，妹妹退居其后。久而久之，姐姐性格外向，喜欢交际，而妹妹则性格内向，很少与人交往。

⑤ 学业与人格因素。虽说大家都比较偏爱聪明能干、学业优秀的同伴，但在实际交往中，同伴之间的学业水平往往是接近的。水平相近的伙伴更能一起努力，携手向前。

一般认为，在同伴交往中最重要的因素是人格品质。人们普遍喜欢真诚友好的人，不喜欢自私、奸诈、冷酷的人。一项研究将25%最受欢迎与25%最少被提名的青少年的19项行为做了对比，结果发现：具有友好、发起活动、有幽默感、快乐、热情等特征的人是最受欢迎的。

如何寻找小伙伴呢？

① 保持良好的仪态。不管是男孩子还是女孩子，干净整洁的仪容都会令你看起来容光焕发。当然，在爸妈和学校老师接受的范围内，你完全可以

同伴交往要做到平等尊重，互相学习。心理学中用同伴接纳来表示个体被同辈群体接纳喜欢的程度，它反映了个体同伴关系的好坏。

把自己打扮得漂漂亮亮或帅气过人。

② 先从自己身边的小伙伴开始,比如,你的新同桌。相比一个小区的距离,同桌才是更近的,不是吗?

③ 相似很好,互补也挺萌。如果你是一个比较内向的人,很可能你最好的朋友是一个开朗活泼的家伙哟,这样也挺好的。

④ 主动参加团体活动,在你喜欢的圈子里积极展现自己。喜欢动漫,那就参加动漫社团活动吧;喜欢英语,不妨多去英语角。你要相信,就算你只喜欢看课外书,图书室里也一定有与你兴趣相似的小伙伴在等着你去发现呢。

而在具体的交往中,本着怎样的态度去和小伙伴打交道,这就得看你自己的了。当然了,真诚与分享永远是维持友谊最好的良方。

如果你觉得其实一个人也挺好,那也没什么。虽然人是社会性的,但我们依然需要独处的时光。

拓展阅读:晕轮效应

"晕轮效应"是指一个人的某种品质,或一个物品的某种特性给人以非常好的印象。在这种印象的影响下,人们对这个人的其他品质,或这个物品的其他特性也会给予较好的评价。

晕轮效应最早是由美国著名心理学家爱德华·桑戴克于20世纪20年代提出的。他认为,人们对人的认知和判断往往只从局部出发,扩散而得出整体印象,也即常常以偏概全。一个人如果被标明是好的,他就会被一种积极肯定的光环笼罩，并被赋予一切都好的品质；如果一个人被标明是坏的，他就被一种消极否定的光环笼罩，并被认为具有各种坏品质。这就好像刮风天气前夜月亮周围出现的圆环(月晕)，其实呢，圆环不过是月亮光的扩大化而已。据此，桑戴克为这一心理现象起了一个恰如其分的名称——“晕轮效应”，也称作“光环作用”。

在日常生活中，“晕轮效应”往往在悄悄地影响着我们对别人的认知和评价。比如有的老年人对青年人的个别缺点或衣着打扮、生活习惯看不顺眼，就认为他们一定没出息；有人由于倾慕朋友的某一可爱之处，就会把他看得处处可爱，即所谓的“一俊遮百丑”。

名人效应就是一种典型的晕轮效应。一个作家一旦出名，不但获得荣誉的书籍会热销，其他著作也都不愁销售了。当然，他的书到底好不好看，你可以去找一本来读读，自己判断一下。

我和我的老师

学校是由老师和学生组成的，我们学习的过程中总是有老师的参与，与老师相处如何，对学习好坏、校园生活有着直接的影响。那么如何和老师交往呢？同学们可以参考以下建议：

尊重老师，尊重老师的劳动

多数老师几乎是把所有的知识无私地、毫无保留地教给学生，如果他们希望得到什么回报的话，就是希望看到学生成材、成熟，在知识的高峰上越攀越高。见到老师礼貌地打声招呼，上课认真听讲、不破坏纪律，把老师布置的作业保质保量地完成，这不仅是我们个人素养的表现，也是对别人劳动的尊重。尊重老师，尊重老师的劳动，是师生和谐相处的基本前提。

勤学好问，虚心求教

从老师的年龄、学问、阅历上来说，在某门课上的水平往往是高于学生的，所以，要向老师虚心求教。勤学好问不仅直接使学习受益，还会增多、加深和老师的交流，无形中就缩短了与老师的距离，每个老师都喜欢肯动脑筋的学生。其实，向老师请教问题往往是师生交往的第一步。除班主任外，任课老师并没有多少时间和学生直接交往，常向老师请教学习上的问题会加深师生彼此的了解和感情。

正确对待老师的过失，委婉地向老师提意见

心理学的研究表明，人们会对没有缺点的人敬而远之。其实世界上根本就没有零缺点的人存在。老师不是完美的，有的观点不正确，或误解了某个同学，甚至有的老师“架子”比较大或是太严厉，这都是有可能的。发现老师的不足要持理解态度。向老师提意见语气要婉转，时机要适当。如果老师冤枉了你，你就当面和老师顶撞起来，这样好吗？这不仅不利于问题的解决，还会恶化师生关系。不管怎么说，老师是长辈，作为学生，应该把老师放在长辈的位置，尊重老师。当然，如果老师误解你了，甚至伤害了你，这种时候更需要冷静地解决问题，保护自己的权益。暂时忍一忍，等大家都心平气和时再说不失为一个好的选择。

犯了错误要勇于承认，及时改正

有的同学明知道自己错了，嘴上却死不认错，与老师闹得很僵。有的人则相反，受过一次批评后，就特别怕那个老师，担心他对自己有成见。这都是没有必要的。错了就错了，主动向老师承认，及时改正，老师一样会喜欢。老师不会因为哪个学生一次没完成作业，一次违反了纪律，就对学生下定论，说他是坏学生，就对他有成见。当然，如果老师的看法是错的，请你一定捍卫自己的思想，不要因为一句评价而看不起自己，好吗？

理性看待纠纷，保护自己的权益

老师不是圣人，当师生发生冲突和纠纷的时候，如果老师也有错，大家要坚定地捍卫自己的权益，如有必要应及时向家人和相关未成年人保护机构求助。我们常常说“冲动是魔鬼”，在激怒的情况下发生直接的对抗，对双方都没有益处。这种时候，先冷静下来思考问题，并与家长、老师进行理智的沟通，会更有助于解决问题。

与老师关系融洽既可以促进学习，又可以学到很多与人相处的道理，使你一生受益无穷。相信你能做到这一点。

拓展阅读：皮格马利翁效应与你

古希腊神话中，皮格马利翁是塞浦路斯国王，非常精于雕刻。虽然国王相貌英俊、地位尊崇、受到国内贵族女子们追求，但这位国王不喜欢塞浦路斯的凡间女子，决定永不结婚。他用出神入化的技艺雕刻了一座美丽的象牙少女像。在夜以继日的工作中，国王把全部的精力、全部的热情、全部的爱恋都赋予了这座雕像。他像对待自己的妻子那样抚爱她、装扮她，为她起名加拉泰亚，并向神乞求让她成为自己的妻子。爱神阿芙洛狄忒被他打动，赐予雕像生命，并让他们结为夫妻。

很多年以后的现代，美国著名心理学家罗森塔尔和雅格布森在神话的基础上，进行了一项有趣的研究。他们先找到一间学校，然后从校方手中得到了一份全体学生的名单。在经过随机抽样（你可以简单地理解为随便抽几个出来）后，他们向学校提供了一份学生名单，并告诉校方，他们通过一项测试发现，名单里的这些学生有很高的天赋，只不过尚未在学习中表现出来。其实，这些学生从全校学生的名单中随意抽取出来的几个人。有趣的是，在学年末的测试中，这些学生的学习成绩的确比其他学生高出很多。研究者认为，这就是教师期望的影响——由于教师认为这个学生是天才，因而寄予他更大的期望，在上课时给予他更多的关注，通过各种方式向他传达"你很优秀"的信息；学生感受到教师的关注，产生一种激励作用，学习时加倍努力，因而取得了好成绩。这种现象说明教师的期待不同，对儿童施加影响的方法也不同，儿童受到的影响就会不同。借用希腊神话中出现的主人公的名字，罗森塔尔把它命名为皮格马利翁效应，也称为"罗森塔尔效应"或"期待效应"。

皮格马利翁效应在学校教育中表现得非常明显。受老师喜爱或关注的学生，一段时间内学习成绩或其他方面都有很大进步，而受老师漠视甚至是歧视的学生就有可能从此一蹶不振。一些优秀的老师也在不知不觉中运用期待效应来帮助后进学生。

在我们的生活中,父母对我们的期望,老师对我们的期望,我们对别人的期望,特别是对同伴、对父母、对老师、对心仪对象的期望,以及我们对自己的期望,都是对我们生活是否愉快有重大影响的期望。假如你对自己有极高且积极的期望,每天早上对自己说“我相信今天一定会有一些很棒的事情发生”,这个练习就会改变你的整个态度,使你在每一天的生活中都充满自信与希望。

我和我的对手

对手关系是一种特殊的同伴关系,更是一种广泛存在的社会心理。简单地说,对手就是一个“比较的对象”。

生活中的我们,其实时刻都在寻找参照物。看到一个漂亮的女孩子,大概好多女同学都会偷偷地在心里和她比一比吧?男同学或许不太在意帅不帅这个问题,不过要是一个篮球好手看到另一位好手在打球,就会有一种想要切磋一番的想法。

合理的比较目标可以激发我们的动力,帮助我们更好地反思自己的方法,发掘自己的潜力。所以我们说,有对手是件很幸福的事情。

但是这个“对手”的选择,要切合自己的实际:

和自己差不多?可以。差不多的对手能更好地帮助你全面地看待自己,发现自己的特长和能力。

比自己强一点?可以。稍微强一点的对手能更好地帮助你制定目标,还可以学会很有益的东西;而且一旦超越了对方，成就感不用说了吧？

比自己强很多？可以。动画片《灌篮高手》中，樱木同学一开始连篮球都没怎么摸过呢，在晴子同学的鼓励下，果断跟很强的流川同学杠上了。最后，他不仅和很强的流川同学并肩作战，更超越了自己。

在我们的一生中，最大的对手其实不是别人，而是自己。不断地挑战自己，超越自己，会成为你最大的动力来源。

那，要是比自己还差那么一点儿呢？也没有什么不可以啊！这样可以帮助你更好地肯定自己；同时，既然你选了他/她当对手，对方总有点什么值得你比较和参考吧？

要是不想找别人当对手呢？也没什么问题啊！不跟别人比，咱跟自己比，也成啊！昨天背了15个单词，今天背了20个——有进步啊！昨天只能做10个仰卧起坐，今天做了15个呢！明天，可以加把劲试试17个？一点点地肯定自己的进步，也非常好！

心灵故事：两群羚羊

在非洲大草原上，一位动物学家对生活在非洲大草原奥兰治河两岸的羚羊群进行研究。他发现东岸羚羊群的繁殖能力比西岸的强，奔跑速度也不一样，每分钟要比西岸的快13米。

对这些差别，这位动物学家曾百思不得其解：这些羚羊的生存环境和属类一模一样，为什么东西两岸的羚羊具体情况会有这么大的差异呢？

有一年，他在动物保护协会的协助下，在东西两岸各捉了10只羚羊，把它们送到对岸。结果，西岸运到东岸的10只有7只被狼吃掉了，而东岸运到西岸的10只活得非常好。

这位动物学家明白了：东岸的羚羊之所以强健，是因为在它们附近生活着一支狼群；西岸的羚羊之所以弱小，正是因为缺少这么一群天敌。

在现代社会里竞争已无处不在，我们经常会碰到与自己旗鼓相当甚至比自己更为强大的竞争对手。我们不要为此而沮丧，甚至嫉妒和憎恨竞争对手。我们应该感谢竞争对手，很多时候，正是竞争对手让我们看到了差距和不足，从而帮助我们更好地明确提升和努力的方向。

我心中的他/她

我们对爱情的冲动,从 Capilano 悬桥开始

1974 年,心理学家 Dutton 和 Aron 在 Capilano 悬桥做了一个很简单的实验:在这个晃晃悠悠、离河面将近 70 米高的桥上面,有一个漂亮的女孩子站在中央。她会拦下过往的男性,让他们参加一个问卷调查。调查结束后,女孩子会送上一张名片,上面有她的电话,并告诉接受调查的男士:"如果对调查结果感兴趣的话,可以打电话给我。"

完全一样的实验在附近的一所桥上被重复了一遍,同一位美女、同一个调查,不同的是,第二架桥很坚固,而且离河面只有 3 米。

看到这里你可能已经猜到了——问卷调查的内容和结果根本不是这两位心理学家的兴趣所在——实验的真正目的是看哪些男性会打电话过来:是来自晃晃悠悠的 Capilano 悬桥,还是那第二架平稳的桥?

结果是:Capilano 悬桥上的男性打来电话的人数最多。

这是为什么呢?两位心理学家对此解释道: 因为他们在晃

动的桥上感觉到紧张，但他们误认为这紧张来源于他们对眼前这位漂亮姑娘的冲动，于是回到家后依然念念不忘，终于打电话过来询问调研结果，但其实是想看看“有没有机会”。

是不是觉得这个实验有点不可思议？

如果与你一起经历“糟糕”经历的是一个长得还挺不错的异性，那很有可能你会发现你对对方产生了强烈的情感。

当然，如果你还是不相信，可以去翻那些经典电影来看。男女主人公一般是在什么时候发现自己坠入爱河呢？当然是在一起出生入死然后大难不死的时候啦！

告诉你这些，不是为了摧毁你心中的小火苗，只是想告诉你，很多时候我们认为的感情，很有可能与另一人没有太大关系。很多时候，爱只与你自己有关，尤其是在年轻的时候。

埃里克森的就会心理发展八阶段理论谈到，青春期要解决的主要矛盾是自我同一性。简单直白地说就是：我是谁，我将会成为怎样的人，以及成年后的我将会选择一个怎样的伴侣在一起，如何开始亲密关系。也就是学会“如何去爱与被爱”。

看到这里，你可能会觉得惊讶：这也是青春期要解决的问题之一吗？是的，这是真的，虽然很多家长还不太赞同这个观点，甚至认为青春期的感情是浮云，或者是更加糟糕的事情。

如果你的爸爸妈妈十分开明，早早就认可了埃里克森的说法，那么，恭喜你，你将拥有体验人生中必经阶段的机会，慢慢试着明白自己是一个怎样的人、希望以后成为一个怎样的人，还有，将和一个怎样的人共度一生。更重要的是，你会慢慢明白如何找到那个“对的人”以及怎么和他/她相处。

如果爸爸妈妈真的对你完成青春期体验的愿望愤怒不已，也请你试着站在他们的立场考虑一下：他们很担心你一时冲动，做出伤害自己的事情；担心你因为体验特别的情感，心思不在学习上……当然,还有一种可能是:你的爸爸妈妈没有体验过这种情感,因为他们的爸爸妈妈也没给他们这样的机会,所以他们不太理解,也感到挺害怕。很多时候,人对自己没有体验和经历过的事情,会感到非常害怕,因为那些事情不在自己的经验范围内,而对未知事物的恐惧是人类的本能之一。

如果遇到这样的情况,请你自己心里一定要有个谱:“我为什么想和他/她在一起?”

还有一个很大的可能就是,爸妈不仅不支持,还会千方百计地阻止你,这时候请你别忙着激动,先冷静下来,开始思考第二个问题:“他/她到底是哪里吸引了我?”

你可以读一读下面的拓展内容再接着思考上面的问题,相信你可以明白很多。

拓展链接:罗密欧与朱丽叶效应

在莎士比亚的经典名剧《罗密欧与朱丽叶》中,来自世仇家族的罗密欧与朱丽叶初次见面就一见倾心。由于世代的仇怨,他们的爱情遭到了极力阻碍。但来自家族的压迫并没有使他们分手,反而使他们爱得更深,直到双双殉情。

心理学家德瑞斯科(R. Driscoll)等人(1972)为了了解父母的干涉是否改变了夫妻、恋人之间的关系和相爱水平,调查了91对夫妇和相恋已达8个月的41对恋人。结果发现:在一定范围内,父母干涉程度越高,恋人之间相爱越深。当出现干扰恋爱双方关系的外在力量时,恋爱双方的情感反而会加强,恋爱关系也因此更加牢固。这种现象借用莎翁名剧,命名为“罗密欧与朱丽叶效应”。

对于这种现象,心理学家们提出了好些有趣的解释:

解释之一是,选择自由与对所选择对象的喜爱程度之间有一定的关系:自己选择的东西,会觉得更好一些;而被迫选择的东西,感觉不会太好。人类有追求自由、自己做主的心理诉求,当这样的诉求受到压制的时候就会产生强烈的抗拒心理。当恋爱双方被强迫做出某种选择时,会产生高度的心理抗拒,这种心态会促使他们做出相反的选择,甚至会增加对自己所选择的事物的喜欢程度。

另一种解释是从维持认知平衡的角度出发的。一般情况下,人们对自己行为的解释,都是从内外两方面去寻找理由,当外在理由消失后,人们就会从内部去寻找依托。反之亦然。所以当亲人采取简单否定的态度时,便削弱了恋爱的外在理由,导致恋爱者的认知出现了不平衡,于是,他们只好把内在的情感因素升级,以解释自己爱恋对方的行为,使自己的认知重新处于平衡状态。这便是好些小伙伴在异性交往中容易把友情当恋情的重要原因之一。因为好奇心和个性的互补,在异性交往中,交往双方更容易获得满足感。一旦老师或爸妈对正常的异性交往疑神疑鬼,甚至明确反对的时候,就可能会使交往者把满足感解释为对对方的依恋,从而误认为自己坠入爱河了……

如果你发现自己已经做好准备体验青春期的感情萌芽了,强烈建议你在开始轰轰烈烈的感情之前,理性地与父母亲交流一下看法。须知恋爱更重要的是建立在共同的基础之上,而非“逆反”“抗拒”“维护自尊”“好奇”上。受外界阻力影响而猛烈燃烧的感情,往往很难经受住悲伤的考验。

先知己,才知彼

《孙子兵法》有云:“知己知彼,百战不殆。”请各位同学从战略的高度理解本节标题,并忍住你的笑意认真看下面两句话:

世界上有两种人:男人和女人。

男人来自火星，女人来自金星。

男孩和女孩除了性别、体貌特征、衣着打扮、社会角色、个体要求不同之外，最要紧的是思维方式和心理特征有很大的不同。

来个真实的例子吧！

先请各位女同学认真阅读以下场景，并对符合自己或相似的情况点头默认：

1. 他是二班的。

2. 他坐第三排第五桌，左边的位置。

3. 他喜欢看武侠小说。上次偷看《笑傲江湖》就给老师收走了。

4. 他的额头上有一粒痘痘。

5. 他笑起来很好看。

6. 他文科不好，写作文经常把语文老师鼻子气歪。

7. 他的理科很好，特别是化学——我想，我应该去找一个化学补习班了。

8. 他穿白衬衣的时候真精神。

9. 他的牙齿虽然不太整齐，但真的很白，笑起来很好看。

10. 他喜欢打篮球，科比是他的偶像。

11. 他喜欢邓紫棋，手机铃声是《后会无期》。

12. 他喜欢柠檬味。

13. 他喜欢每周四下午的体育课。

14. 他爸爸是我们学校的校医。虽然我并不经常生病，不过不舒服的时候最好去校医那里检查一下，对吧？

15. 虽然我不喜欢上体育课，但我很期待每个星期四的下午偷偷看他在篮球场上挥洒汗水的样子。

16. 我开始吃柠檬味的无糖薄荷糖，希望哪天和他说话的时候他能闻到清爽的柠檬味。

17. 开始听邓紫棋的歌，虽然我更喜欢苏打绿，但还是把手机铃声换成了《后会无期》。

18. 我开始百度科比是谁,看他的精彩比赛集锦。

19. 每天我都会多走一段路,就是为了在路过二班门口的时候,偷偷地看他一眼,虽然他都不知道。

20. 他并不知道我喜欢他,不过对于我来说,现在这样已经足够。

……

各位女同学,现在感觉怎么样? 如果发现脖子都点酸了,可以休息一下……

现在请各位男同学认真阅读以下场景,并对符合自己的情况点头默认:

1. 她真漂亮!

对的,没了。各位同学别试图在下一页找到“2.”了,就只有这一条,真的。

举这个例子只是想说明:男生和女生,真的有很大的不同;这是一个带笑话性质的例子,并不是每个男/女同学都这样。

现在请平复一下情绪,开始观察周围的男/女同学,或者回家悄悄观察一下自己的爸爸妈妈,你会很快发现这样的现象:

妈妈都是能同时处理多件事务的好手,一边打电话、一边炒菜、一边回头告诉你“今晚我们吃红烧肉”,然后回头继续对着蓝牙耳机聊天,同时手上的事儿有条不紊地进行着。

而爸爸……多数时间会专心致志地盯着面前的报纸、电视或手机……

爸爸和妈妈的区别:

“妈,今天早餐吃什么?”

“妈,我的书在哪?”

“妈,看到我那件有变形金刚 LOGO 的白 T 恤放哪儿了吗?”

“妈,今晚同学要来家里玩儿,帮忙准备准备哦!”

“妈,上次老师通知回家收看的电视节目是什么来着?”

“妈,我和同学出去玩会儿,一会儿回来吃晚饭!”

“妈,明天晨会我要代表班级上台领奖,帮我找身正式点的衣服。”

“爸,我妈在哪?”

机智的女同学们非常善于发现细节,对“感觉”非常有感觉:比如,在必胜客或者麦当劳里面聊天,比在学校食堂感觉好多了!咦,你今天的新发卡好漂亮呢,在哪里买的呀,放学我们一起走吧!今天看起来不是很有精神呢,心情不太好吗?

至于男同学……只要饭菜好吃就行了,去哪里差别很大吗?咦?不好意思啊才发现你换了发卡。(同时心里可能会想:有很大的……不同吗?我怎么没发现?)不过要是你的证明题有个步骤出了错,他可能一眼就会看到呢!

对于上面这些现象,有一种叫作进化心理学的心理学分支提出了很有意思的解释:在原始社会里,男人负责打猎,而女人负责采摘果实、制作陶器和照看孩子。久而久之,男性就养成了沉默寡言和忍受孤独的习惯——打猎经常需要长时间的伏击,一动不动,保持专注的注意力,也不能说话;而女人们养成了善于社交和观察力细腻丰富的习惯——尤其女性和女性之间,话特别多。对这个问题,学者们还进行了深入的研究。英国学者的研究表明:男人每天只需要说1000个字就可以获得心理的满足;而女人每天则需要说5000个字才能获得心理满足。荷兰学者的研究则说:男性每天说2500个字就已能满足交流和沟通的需求;女性每天要说7500个字才能满足交流的需要。所以你现在大概可以理解,为什么家里都是妈妈的话比较多了吧?

进化中的分工也影响到男性和女性对食物的偏好和一系列的心理特征差异。男性更喜欢吃大鱼大肉，油腻、辛辣、口味偏咸的食物，还有饮酒，而女性则更喜欢吃水果和蔬菜。在远古时代负责狩猎的男性，需要对肉食是否新鲜有足够的判断；在危险的狩猎过程中，需要高度集中精神对动物的足迹和状态进行准确的判断，这不仅会影响到是否能够打到猎物，更影响到面对猛兽时是否能够全身而退——这种时候要是走神了，就不知道谁是猎物、谁是猎手了。而在较长时间的狩猎活动中，能量的补给并不一定能及时到位，所以能够更好补充体力的肉食和足够的盐分成了饮食的首选标准。对于负责采摘、制作家用器具和照顾宝宝的女性来说，对植物颜色和气味的辨识可以帮助她们采集到成熟、可食用的果实；细腻的用具制作锻炼出了更为灵巧的双手；对宝宝肢体语言和表情的细致观察，可以帮助孩子顺利地存活及健康地成长。在部落中，女性们都是成群结队一起劳作的，语言的沟通与手头的工作并行不悖，情感交流和该完成的活计两不耽误。

看完神奇的进化心理学研究，现在你怎么理解男生和女生的差异呢？

男女两性差异在脑神经科学方面也有研究。简单地说，男性的大脑被设定为发现问题和解决问题；而女性的大脑被设定为建立关系和维持关系。男性更善于集中资源对一个具体的目标进行思考，解决的思路一般是：发现问题→问题是什么→问题怎么解决→动手解决这个问题→结束。而女性在思考一个问题的时候，

男女有别这种差异不仅体现在生理、心理方面，同样也体现在男女生的思维方式、性格和行为习惯等方面。

会调动更多的资源,从不同的角度和层面来进行思考,往往还会调动大量的情绪和情感因素,思维会呈现比较跳跃的特征。有个笑话说,女性思考问题的思路一般是:你有没有考虑过我的感受→你有没有考虑过我的感受→你有没有考虑过我的感受→你有没有考虑过我的感受→开始解决问题。当然了,这只是一个笑话,不过在女性解决问题的时候,的确会调动更多的情感资源,因此女性也更为细腻、感性和敏锐。

不仅是进化心理学和脑神经科学,社会文化对男孩和女孩不同的要求也会对男女性的心理发展产生深刻的影响。

对于传统的东方文化来说,以前的老话叫作"男主外,女主内"。男性被要求成为一家之主,为家庭提供物质资源,勇敢、顽强、不屈不挠、"男儿有泪不轻弹"成为男性的社会性别标志;而女性身为孩子的主要抚育者和家庭维持者,细腻、耐心、坚韧、会持家是女性社会性别标志的主要方面。不过随着社会文化的发展,女性逐渐进入了原本只有男性挥洒汗水的领域。比如,军队里面有了女兵。不仅有医务兵、通信兵、仪仗兵,还有女特种兵和女宇航员;而在一贯以男性为主导的政治界,女总统、女总理频频出现。而那些需要细腻的感性和耐心的工作也有了男性加入,比如全职奶爸、男幼儿教师、妇产科男医生、男护士,很多顶级时尚品牌的设计师也是男性居多。随着现代文明进一步发展,男性和女性间绝对的界限正在慢慢弥合,思维方式和心理特征方面的一些差异也在逐渐发生改变,"女汉子""男妹子""男闺蜜"这样的词也正在我们的社会中流传开来。

美国哈佛大学曾有过一个研究,是标准的男性化思考模式的脑袋更好呢,还是女性化思考模式的脑袋更好呢?经过长期研究,最后得出的结论是:两性化思维模式的脑袋最好——既有男性的专注、逻辑、系统性思维,也有女性的耐心、细致、敏感和同时多任务功能。这样的脑袋做什么都会很棒,不仅做事情很厉害,和其他人打交道也很厉害,因为他/她既能理解同性的思维方式,也可以理解异性的脑回路。简而言之就是:多元化,让世界更美好!

所以在各位同学准备开始自己的青春期之旅的同时,不妨琢磨琢磨:我的思维模式是怎样的?怎么才能更好地理解另一种人的思维方式呢?

了解来自另一个星球的他/她,不仅可以帮你结识更多的朋友,丰富你的人生体验,还可以让你更好地理解你的爸爸妈妈相处的模式。

暗恋是种礼貌

暗恋是一种神奇的状态,在每个人的青春期中或多或少存在过。如果你试着偷偷地问自己的爸爸或妈妈(请不要试图在爸妈都在场的时候问其中一个人这个问题,你懂的),他们或许会愿意告诉你一个美丽的故事。或许,你自己也有过这样的经历:曾经喜欢过一个白马王子般的“男神”或天仙下凡般的“女神”,甘心做一个“爱情的卫兵”,默默守卫那段对方甚至永远都不会明白的感情。某种意义上说,暗恋简直妙不可言。不过遗憾的是,暗恋一般都难以修成正果。更加遗憾地告诉你,干巴巴的心理学研究发现:暗恋并不像大家想象的那么深情,平均持续时间仅36天。

单相思的模式大多是:起初双方仅是精神交流,接着其中一方萌生爱意,并陷入自己编织的情网中难以自拔,不时用隐晦的语言和行动暗示对方。

单相思可能发生于任何年龄段,但在14~18岁时更常见,因为少男少女此时正处于爱幻想的青春期,不善于自我控制。在适婚男女中,

60%的人“单相思”过,20%的“多情种子”还可能每年单恋他人2~3次。此外,60岁以上老人也不时出现单恋。

单恋他人的人显得可怜兮兮,但研究显示,被单恋的人到最后往往也会忧心忡忡。70%被他人“单恋”的男女在接受调查时说,起初他(她)会为自己的魅力洋洋得意,但后来渐渐因难以开口正面拒绝,不胜其扰而感到烦恼,甚至生自己的气。

需要说明的是,36天并不一定是一个笃定的数字,因为,人是不同的。对于一些人,一段感情可以深埋心中,至死不渝;而有些旁人看上去惊天动地恩爱漫天飞的感情,或许一夜之后就悄无声息了。

暗恋真是非常复杂的一种情感。而产生的原因,或许就是那阳光下潇洒的背影、球场上飞扬的青春、窗边宁静的一瞥、图书馆里无意中一次对视,甚至是你不小心踩了对方一脚,而他/她微笑着对你说“没关系”。

对于我们为什么会那么喜欢一个人,甚至只是一瞥就会产生感觉,众说纷纭。有一种经典的理论认为,我们之所以会那么喜欢一个人,是因为那个人有一种我们非常熟悉和亲近的特征。还在我们很小很小的时候,和我们最亲近、最信赖的亲人的特质,会深深地印刻在我们的脑海里;当那种特质再度出现在我们面前时,勾起的是心底最深、最温暖的记忆,于是晕轮效应就产生了。

亲爱的同学,在你真正开始一段感情之前,请想清楚:

我喜欢的是这个人,还是喜欢上了喜欢这个人的感觉?

我喜欢的是这个人,还是因为我觉得他/她也喜欢我?

这两个问题真的非常重要,在没有想清楚之前……请你“礼貌地”暗恋吧,虽然暗恋可能很苦,但也可能很甜。“如人饮水,冷暖自知。”这个中滋味,只有你自己最清楚。

拓展阅读：虚假同感偏差
——“我觉得他/她也喜欢我”

当人们高度关注一个事物的时候，偏向于放大与之相关的人/事。如果你用的是苹果手机，你就会有种感觉：周围的朋友用的都是苹果手机喔！

心理学里面有个名词来描述这种现象：虚假同感偏差(False Consensus Bias)，又叫虚假一致性偏差，指的是人们常常高估或夸大自己的信念、判断及行为的普遍性，是人们坚信自己信念、判断正确性的一种方式。当遇到与此相冲突的信息时，这种偏差使人坚持自己的社会知觉。人们在认知他人时总偏向把自己的特性赋予他人身上，假定自己与他人是相同的。例如自己疑心重重，也认为他人疑心重重；自己好交际，也认为别人好交际。这种偏差存在于许多人身上，正是由于认为有很多人的信念、价值观与行为同自己的一致，所以人们才能坚信自己的判断及行为的正确性。

当一个人暗恋另一个人的时候，往往会特别关注他/她，对方的一言一行都会对敏感的观察者产生很大的影响——虽然在旁人看起来可能就是再平常不过的一句话、一个动作，但在极度关注的人眼里都会带上特别的含义。而且当你喜欢一个人的时候，当然也期望对方喜欢自己，不是吗？所以我们往往会试图努力找到一些哪怕看起来极其微小的证据来说明：其实对方也是喜欢我的。甚至还可能会这样想：我那么喜欢你，你凭什么不喜欢我?!

除了上面提到的情况之外，在持续不断的关注和愿望的作用下，暗恋中的人们还会不知不觉地美化对方，进而在自己的脑袋里面构建出一个完美的对象来——因为这个对象正是你所期待的，你会更加积极地寻找符合这个完美模型的表现，以便给模型增光添彩……

青苹果，红苹果

现在，我们要来谈谈一个会让爸妈紧张，也会让你困惑的艰巨问题。

"青苹果，红苹果"这个标题，估计你已经在班会课或是心理健康课之类的课程里面听到过，对吧？那么，它指的是什么，你真的明白吗？

曾经有个女孩对这样的感情十分困惑：她和一个男孩因为同样的兴趣和爱好成了好朋友。她和他都很清楚自己当前的目标和主要精力应该用在学习上，两个人只是在学习之余分享共同的兴趣，连手都没有牵过呢。不过紧张的爸爸妈妈可不相信他们的话，非要俩人断绝来往不可。女孩觉得整个人都快崩溃了，你们为什么不相信我？真的不是你们想象的那样！

如果你也遇到了同样的事情，在这里，我们无比真诚地告诉你：我们相信你。

爱和归属，是人类的本能，是仅次于吃喝拉撒睡、安全这样的基本需求的最重要的缺失性需求。所谓缺失性需求，就是说，没了它们，不行。

这里的爱，不仅包括青春期的你感受到的那种甜蜜的情感，也包括爸爸妈妈和亲人对你的爱。自生命诞生之始，爱就在不断地滋养我们的身心，家人的爱让我们得以健康的成长。"家是心灵的港湾"，对于很多人来说，家就是第一个爱和归属的基地；而朋友和同伴的存在，给我们提供了一个对等的归属群体。大家基于相似的爱好、性格、兴趣走到了一起，彼此认同，分享信息，在比较和陪伴中一起成长。

正是家人和同伴的爱、友谊，滋养着我们，陪伴我们在人生道路上一步步前行。随着我们的成长，终有一天，我们会迎来生命中另一种爱的形式——对等的爱，也就是，身为一个独立的个体，你和另一个独立的个体展开一段平等的感情之旅。

虽然爱和归属是我们天性所求,然而,并不是每一个人都知道该怎么去爱。弗洛姆在《爱的艺术》中提到:“爱不是我们与生俱来的一种本领,而是需要通过后天习得的能力。如果没有爱他人的能力,如果不能真正谦恭地、勇敢地、真诚地和有纪律地爱他人,那么人们在自己的爱情生活中永远也得不到满足。”

人物链接:

艾里克·弗洛姆(1900—1980),美籍德国犹太人本主义哲学家和精神分析心理学家。毕生旨在修改弗洛伊德的精神分析学说以切合两次世界大战后的西方人精神处境,被尊为“精神分析社会学”的奠基人之一。在弗洛姆的理论体系中,爱并不单指爱情,而是一个更为广阔的概念。他认为爱的本质有四大元素:关怀、责任、尊重和了解。

不过在这里,要严肃地告诉你一个实情:对于青少年如何对待自己的恋爱以及如何应对这样的感情,目前心理学界的研究并不是很多。我们之前列举的各种心理效应,都是基于当时社会文化环境下合理的恋爱关系而发现的。

对于不同的社会文化和意识形态而言,对青少年的感情的态度有很大的差异。

你可能会很羡慕某些国家的男孩女孩。不过有一个事实建议你认真看一看:多数的美国

爱一个人就是要给他/她幸福。如果你现在还没有能力给他/她幸福,就要努力地去创造给他/她幸福的条件。

青少年成长到18岁的时候往往会选择离开父母身边,开始独立生活。而在18岁之前,男孩如果想请女孩去看电影,他的爸妈会告诉他:电影票钱虽然我们也可以借给你,不过你最好自己去赚。

明白这个例子的意思吗?爱,是需要承担责任的。人可以选择自己的行为,但是,请记得,要为自己的选择买单。哪怕是关系再好的朋友,如果他/她每次都不经你同意也不告诉你,就拿着你的小钱包跑去买了他/她喜欢的东西自己吃掉,日子长了你心里多少也会有点不痛快,不是吗?而某些事情发生之后,买单的不是你的小钱包,或许会是你的学业、你的健康甚至更多的东西。不要轻易去尝试那些很可能无法控制后果的青苹果,好吗?

如果现在的你已经具有了一个独立而完整的人格,明确自己的方向和规划,能够理性地看待自己面临的感情,那么,真诚的建议你珍惜自己贵重的人生,同时理性地看待父母的态度。

弗洛姆还有一段话,送给成长中的你:"爱情与成熟度无关。如果不努力发展自己的全部人格,那么每种爱的努力都会失败。"

如果你的初次尝试遭受了挫折乃至打击和伤害,下面有一个经典小故事和你分享。

心灵故事

很久很久以前,在一个小小的院子里,有两棵小小的苹果树。

两棵苹果树努力地长啊长啊,终于有一年,开始结出果实了。

不过第一年的果实总是很少的，两棵树上都只挂着十来个新鲜的果实。

鸟儿们飞过院子，啄食新鲜的果实；人们来到院子里，摘走了很多的果子。

其中一棵苹果树愤愤不平：我努力长了这么久，好不容易才结出了10个珍贵的果子，这帮坏蛋一下子就摘走了9个！明年再也不要给坏蛋拿走我的宝贝果子了！

另一棵苹果树看着树枝上剩下的唯一一个果实，心想：今年的果子太少了呢，只留了一个给我自己。不过没有关系，明年我再多结一些果实！那样，给自己就可以多留几个了呢。

第二年的秋天很快到来了。

生气的苹果树这次只结了5个果子——飞过的鸟儿们叹了口气，来到院子里的人们摇了摇头。最后，那4个比较好的还是被带走了——不过还好吧，苹果树想：去年他们一口气拿走了90%，只给我留了10%；今年我剩20%，已经翻了一番呢！这个法子不错，明年继续！

而另一棵苹果树呢？第二年它很努力地结出了100个果实。夏天时，蜜蜂闻到苹果花香，纷纷前来传粉采蜜，而鸟儿们也幸福地在附近筑起了自己的新家；人们看到满树的苹果也高兴极了——这棵果树长得真好，多留下一些果实，明年再继续长大我们就可以带种子去种在其他地方啦！于是，人们摘走了90个苹果，留下了10个。

第二棵苹果树也很高兴：去年只有1个，今年有10个了哦，翻了10倍！明年我要好好加油，继续结出更多更多的苹果！

年复一年……当第一棵苹果树最终孤单的凋零时，第二棵树结出了很多很多的苹果，它的种子也被飞翔的鸟儿和采摘苹果的人们带到了更广阔的天地，繁茂地生长在远方的大地上。

很多时候，挫折和伤害是无法避免的，但无论何时都请记得，一定要努力地长下去，终有一天，你会迎来属于自己的郁郁葱葱。

拓展阅读：初恋与"蔡戈尼克效应"

你有过这样的经历吗？

在一次比较重要的考试中，前面的题目你都完成得很不错，就是最后一个题目把你难住了，回答得不是很有把握；当考试结束和同学一对答案发现，就是那个没什么把握的题没有答到，而其他的都是对的——那么在之后的很长一段时间里，那唯一没有答到的题目会牢牢地盘踞在你的脑海里，而其他做得很好的题目则会被忘得一干二净。

20世纪20年代苏联心理学家B. B. 蔡戈尼克在一项记忆实验中发现了一个奇特的心理现象：她让被试（心理学实验中接受实验的对象）做22件简单的工作，如写下一首喜欢的诗，从55倒数到17，把一些颜色和形状不同的珠子按一定的模式用线穿起来，等等。完成每件工作所需要的时间大体相等，一般为几分钟。在这些工作中，只有一半允许做完，另一半在没有做完时就受到阻止。允许做完和不允许做完的工作出现的顺序是随机排列的。做完实验后，在出乎被试意料的情况下立刻让他回忆做了22件什么样的工作。结果发现：未完成的工作平均可回忆起68%，而已完成的工作只能回忆起43%。在上述条件下，未完成的工作比已完成的工作保持得较好，这种现象就叫蔡戈尼克效应。

蔡戈尼克效应是指人们天生有一种完结的驱动力，人们之所以会忘记已经完成的工作，是因为完成的动机已经得到满足；如果工作尚未完成，这同一动机就会让人们对此留下深刻印象。在心理治疗领域，这个效应又被称为"未完成情结"，即得不到或者被迫失去的东西往往会使人记忆深刻，甚至融入潜意识中，持续地影响着我们的心理与行为倾向。

这一效应经常被人们跟初恋联系在一起。每一个人的初恋回忆往往都是甜蜜的，一方面，人类倾向于记住那些快乐的事情，忘记伤心和难过的事情；另一方面，初恋往往是我们在不知不觉的好感和朦胧的美中接触到的第一个让自己爱的人。对于人生中的第一段恋情，总是希望能与对方长久地待在一起的。然而初恋毕竟是恋爱的测试阶段，虽然也有人能够坚持到底，不过更多的只能成为青春画布上难以抹去的一部分。尽管如此，初恋的感觉仍旧令人回味无穷甚至刻骨铭心——因为第一个喜欢的对象留给我们的印象是非常深刻的；特别是那些没有得到告别和终结的结局，依然可能会在我们以后的一系列恋爱行为中反复上演。

由于人们把初恋看成是一种未能完成的、不成功的事件，它的未完成和不完美反而更使人难以忘怀。如果初恋的过程是被粗暴打断的，这种未能完成的感觉会愈加强烈；同样，在没有结果或告别的初恋中，那些一起度过的美好时光，大多会深深地印入我们的脑海，使我们一生都难以忘却。

认真地对待你生命中第一段重要的亲密关系，因为那不仅会对你当前的生活产生影响，甚至会影响你的一生。

那些小办法

容易脸红怎么办

好多人在看我,真是不好意思……(脸红了)

老师当着班上同学夸奖我了……(脸又红了)

今天,他/她看到我了,还对我笑了呢……(这下脸红得不行了)

第一次面对这么多人讲话,大家都在看着我呢……(这已经不是脸红可以形容的感觉了)

平时不是个害羞的人呀,但是为什么别人看着看着就莫名其妙地脸红了呢?

上面的这些情况,你遇到过吗?

脸红到底是怎么一回事呢?脸红是一种身心结合的反应,有生理因素的影响,也有心理的指挥。

每个人在与自己不熟悉或比较重要的人交往时,都会出现一种紧张或激动感,并反射性地引起人体交感神经兴奋,从而使人的心跳加快,毛细血管扩张,即表现为脸红。这是人际交往中的一种正常反应,随时间推移会习以为常。但如果过于缺乏自信，特别在意别人对你的评价，注意自己在别人面前的表现，就可能导致对脸红特别在意。想自己不脸红，但又无法消除，更害怕别人会因此议论你。和人打交道之前你就开始担心自己会脸红了，交往时更是认真体验自己有无脸红，时间一长，就在大脑的相应区域形成了兴奋点，只要你一进入与人交往的环境，就会出现脸上发热感和内心的焦虑不安，加上别人对此的议论或关注，更使你紧张不安，惧怕见人。

脸红还有另外一种原因。虽然不太常见，但也时有发生。我们每天都会接触一些新的事情、新的想法、新的信念，当遇到新事物出现需要进行理解或判断时，我们就会变得警觉：如果遇到的事情是两难的，就会有不同的判断——或赞成或反对，这样的判断会以语言或者表情、动作反映出来，比如脸红。这就是为什么当你进行辩驳，感觉别人不屑的态度甚至试图羞辱、侵犯你的权利时也会有脸红表现的原因。

如果你是个容易脸红的人，怎么看待这个问题比较好呢？

● 弄清楚自己为什么会脸红 ●

如果因为感到羞涩而脸红，那么这是自然反应，别过度理会，人总有那么一个阶段会很在意别人的眼光……不管是男孩还是女孩，注意说话得体就可以了。你可以在说话时把注意力集中到一些其他方面，比如风景、路人或者屋内摆设，这样可以让自己放松。注意给自己创造一个合适的说话空间，比如紧张怕对方发觉，可以在人多的地方和他/她说话，这样的环境中你说话的声音会不自觉地提高；或者在一个有音乐的环境里也可以。

如果是因为别人误解了你，那最好在双方平复情绪后再进行适当的说明和解释。

对脸红要采取顺其自然的态度，允许它出现和存在，不去抗拒、抑制或掩饰它，不为容易脸红而焦虑和苦恼，从而消除对脸红的紧张和担心，打断由此而造成的恶性循环。

进行自信心方面的训练

人前容易脸红的人，多数对自己缺乏自信，具有自卑感。加强自信心的培养，克服自卑感，可以帮助你克服脸红的问题。

要改变只看到自己的短处，用自己的短处比别人的长处的思维方式，反过来经常想想自己有哪些长处或优势，以自己的长处去比别人的短处，从而逐渐改变对自己的看法。在改变对自己的看法的同时，再将注意力转移到自己感兴趣也最能体现自己才能的活动中去。先寻找一件比较容易也很有把握完成的事情去做，一举成功后便会有一分喜悦，做完后再用同样的方法确定下一个目标。这样，每成功一次，便强化一次自信心，逐渐地自信心就会越来越强。

以下一些建议，可以帮助你更好地应对羞怯，树立自信心：

深呼吸与身体控制

当感觉紧张、脸红的时候，做几次深呼吸，这可以使一个人的紧张情绪得以缓解。

此外，如果你经常感到心神不宁，也可以这样做：双脚张开与肩同宽，稳稳地站在地板上；轻轻提起脚跟，坚持 5 ~ 10 秒后放下。每次反复做 30 下，每天这样做两三次。在平时练习的基础上，一旦感觉情绪不太稳定就采取深呼吸或身体控制动作，可以有效消除心神不定与紧张的感觉。

改变你的身体语言

SOFTEN——柔和身体语言，它往往能收到立竿见影的效果。S 代表微笑；O 代表开放的姿势，即腿和手臂不要紧抱；F 表示身体稍向前倾；T 表示身体友好地与别人接触，如握手等；E 表示眼睛和别人正面对视；N 表示点头，显示你正在倾听对方说的话。一开始做的时候你可以在自己熟悉的环境面对朋友或者家人试一试。当然，对着镜子里的自己做也是一个很好的选择。

主动把你的不安告诉别人

倾诉是一种情绪宣泄，如果同时能获得他人的劝慰和帮助那就更好了，总会有善意的人帮助你、理解你的，请相信这一点。

为所当为，顺其自然

在连续讲话时不要担心中间会有停顿，因为停顿一会儿是谈话中的正常现象；如果不知道手放哪里好，你可以双手交叠，放在腹部（一开始的时候，放在盖住自己肚脐的位置就好）。在谈话中当你感觉脸红时，不要试图去掩饰它，这样反而会使你的脸更红。要知道一时的脸红和羞怯并不等于沟通失败了，这只是由于精神紧张，并非是不能应付社交活动。所以啥也别管，咬紧牙关，把该念的讲稿念完、该说的台词说完。

循序渐进，一步步改变

对有些同学来说，克服害羞是一项大工程，请相信自己一定能够打赢这场战斗。每一个胜利都是真实可见的，只要我们坚持去做，就一定会获得满意的结果。

告诉你一个小秘密吧：很多时候，他人根本没有注意看你的脸呢！做好自己手头的事情就好，只要你不那么在意脸红这件事，它慢慢地也就不再是个事儿了。

自助训练：渐进式放松练习

渐进式放松练习的基本原理就是把你感到脸红的场景进行一步步的分解，并通过想象场景＋身体放松的方式来逐步习惯，直到完全不会感到紧张或脸红再进入下一阶段，如此循环往复，直到感觉可以控制自己为止。

具体实施步骤如下：

第一步：把能引起你脸红的各种场面，按由轻到重依次列成表，分别抄到不同的卡片上，把最不会让你脸红的场面放在最前面，把最容易让你脸红的放在最后面，卡片按顺序依次排列好。

第二步：进行放松练习。选择一个安静的场地，坐在一个舒服的座位上，有规律地深呼吸，让全身放松。进入放松状态后，拿出系列卡片的第一张，想象上面的情景，想象得越逼真、越鲜明越好。

第三步：如果你觉得有点不安和脸红，就立刻停下来，做深呼吸帮助自己再度放松下来；完全放松后，重新想象刚才失败的情景。如果不安和脸红再次发生，就再停止后放松，如此反复，直至卡片上的情景不会再使你不安和脸红为止。

第四步：按同样方法继续下一个更让你不安和脸红的场面（也就是下一张卡片）。注意，每进入下一张卡片的想象，都要以你在想象上一张卡片时不再感到不安和脸红为标准。如果暂时还办不到，就不要进入下一个阶段。

第五步：当你想象最让你不安和脸红的场面也不感到脸红时，就可以再按由轻至重的顺序进行现场锻炼。要是在现场出现了不安和脸红，就用同样的方法让自己做深呼吸放松，直至不再脸红为止。

这种方法是认知行为心理治疗里面会用到的一种方式。如果你为脸红感到很难受，除了按照上面的步骤自行练习外，还可以寻求专业心理咨询师的帮助！

考试紧张怎么办

考试紧张是一种青少年时期非常常见的现象，紧张并不完全是坏事，学会如何正确地应对紧张，可以更好地帮助我们发挥出应有的水平，取得良好的成绩。

● 考试心理紧张的表现形式●

考试心理紧张这一现象有多种表现形式,常见的有:频繁上厕所、心跳加快、心慌、手哆嗦、出汗、全身颤抖;严重的时候甚至会对考试出现怯场,大脑一片空白,反应迟钝,对平时会解答的问题也感到束手无策,因晕场而无法坚持考试。

● 考试紧张产生的心理原因●

遇到自己觉得很重要、很在意的事情时,不仅是各位同学,就算是成年人也会有紧张感。对各位同学来说,考试本身就是一件让人紧张的事。一方面,成绩好不好,家长和老师都很看重;另一方面,考试成绩也是反映自己学习成果的一种方式。在这么要紧的事情面前,产生或多或少的紧张心理是件常见的事情。

虽然考试产生紧张心理和父母、老师的看法有一定关系,但这不是全部原因。首先,每个人的神经类型不一样,先天气质类型不同,有的同学很容易产生紧张心理,而有的同学紧张的程度就轻一些;其次,如何看待成绩也和每个同学的家庭教育风格有关。如果爸爸妈妈对成绩的要求较高,比较看重考试成绩,那考试时就容易产生紧张心理,反之,就不那么容易产生紧张心理。

考试产生紧张心理也和自己的心理素质有很大关联,这既有先天遗传因素,也有后天的教育锻炼的影响。如果你在考试之前挺紧张的,那就得有意识地把考试的重要性淡化,平时多培养自己临危不乱的心理素质,有助于克服考试产生的紧张心理。

● 考试紧张的利与弊●

考试时产生紧张心理有利也有弊,并不完全是坏事,关键得看心理紧张的程度。在考试时适度的心理紧张是非常有利的,此时记忆状态佳,思考问题敏捷,解答问题又快又好,能够发挥出较好的水平。而考试时过度的心理紧张是非常有害的,会使学生产生怯场现象,头脑一片空白,反应迟钝,整张试卷全成为难题,束手无策,严重影响水平的发挥。考试时心理一点也不紧张,这也不好,人不紧张时思维就不敏捷,也影响自己真实水平的发挥。心理生理学里面有个耶克斯—多德森曲线,说的就是这回事:适度的紧张水平,能发挥最好的效率。

拓展阅读

耶克斯—多德森定律:1908 年,耶克斯和多德森通过研究提出了一条关于动机的定律。在一般情况下,学习难度是中等的时候,学习动机与学习效果之间呈倒 U 型的关系。即学习动机微弱或过于强烈都不利于学习,只有当学习动机的强度适中时,才会取得最理想的学习效果。可是当学习难度变化时,两者的关系也会发生变化。学习难度很小,学习动机必须十分强烈才能取得好的学习结果。学习难度很大,适当降低学习动机的强度才能促进学习。

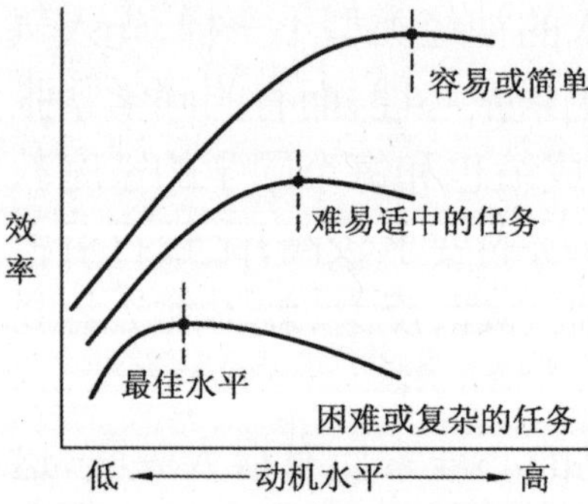

考试紧张可采取的措施

作为学生,可以采取哪些措施使自己的考试紧张心理适度,从而更好地发挥出自己的水平呢?有几种方法供你借鉴:

积极的应考态度

考试是为教师改进教学、学生改进学习提

供依据的一种手段。如果学生能把考试看作是检查学习、改进学习的一种手段，把考试看作是进入新的学习阶段之前的一种总结方法，那么考试就能唤起学生的学习兴趣和进取精神，进而激发学生的学习积极性。以积极的态度对待考试，认真及时复习，进一步熟练地掌握一定的知识和技能，也就较容易获取好成绩。如果把考试看作沉重的负担，讨厌考试，或者对考试持无所谓的态度，那么学习的积极性就差。平时对学习不抓紧，考试时对复习不重视，势必难以获得好成绩。因此，考试态度直接影响学生的考试结果。所以应正确看待考试，树立积极合理的应试态度。

保持正常的生活节律

平时注意安排适当的复习和总结，应考前夕更要注意适当休息，安排一些户外活动，以保持良好的体力和精神状态。考前冲刺时间也要注意适当的休息和自我调整，不要过度消耗精力。你想想看，就算复习得再好，考试的时候只想打瞌睡，这不是得不偿失吗？

正确的自我定位

每位同学的学习水平各不相同，要认真确立适当的期望值和正确的应试态度，争取一步步的进步，看到自己的点滴提高，而不是“一口吃成个大胖子”。制定合理的目标和考试期待，有助于在考试中发挥自己的实际水平；反之则难以发挥自己应有的水平，容易动摇信心。

掌握自我调节的方法

平时可以学会一些临考时的自我调节方法。如肌肉放松法，缓和紧张心理。当接到试卷看到题量很大或有不熟悉的题目时，可自我暗示：要有信心，不要慌张，坐姿尽量舒适，使肌肉放松。如果四肢还在颤抖，可进行深呼吸，反复几次，也有助于缓解紧张心理。答题时应先选容易的做，顺利解答一些试题后，可增强自信和增加积极的情绪体验，使大脑皮层处于良好的兴奋状态，从而有利于发挥最佳的应试水平。

此外，考完一科后，可总结经验教训，不要因乐观而掉以轻心，也不要因一科失误而丧失信心。要记住，不要因为一棵树木而毁掉整片森林。

如果你真的觉得考试是件很紧张的事情，那我们现在可以分享一个小小的技巧，帮助你更好的应对考试。试一试吧！

自助训练：想象训练法

想象训练法并不是一件困难的事，也不需要你投入巨大的努力和能量。你每个星期可抽出 4 天的时间，每天至少抽出 10 分钟来练习想象。

要做这个练习的第一个先决条件是，你必须保证自己进入一个平静、自信和警觉的精神状态，这样你就可以让自己处于完全放松的状态中，并且把所有的注意力都集中在手头的任务上。同样的，为了让这个过程能提高你的运动水平，你必须相信你自己，并且相信想象法对你来说会产生非常明显的效果。

如何使用这种方法？

最好的办法就是在模拟考试的时候开始这样的练习。把每一次考试需要应对的步骤，用自己可以掌握的速度，缓慢而确实地练习一次，记住自己练习时的感觉；如果你觉得一次并不满意，可以努力到自己满意为止——把你感觉最好的这次记下来。

如果你是一个擅长感觉记忆的人，你可以记住你的感受以及做这些行动时你的感觉；如果你是一个擅长情景记忆的人，你可以记住在练习时你看到的场景。

当你回到家中，可以每天花 10 分钟的时间，在一个安静且舒适的情况下，回忆你当时记住的感觉或场景；如果你觉得想到考试就很心烦，可以在进行放松练习后再行想象：

假设你正坐在即将开始考试的座位上。让你脑海中浮现出的画面尽可能生动起来，细节尽可能丰富起来。最好的方法之一是：你可以试着回忆你上次考试或模拟考试的场景，反复想象，直到你熟悉每一个步骤，并能想起当你自己考试时的感觉。

在自己的脑海里想象你正在考试，每一个步骤你都反复练习过，十分熟悉，你很有把握。认真的想象，想象你开始坐在座位上，调整好姿势，放松地坐好；你开始填写试卷上的班级和姓名，完成开始前的准备，并准备开始答题……

当你完成整个想象练习的流程后，你可以试着找一找哪些步骤还需要加强，并在之后的学习和练习中注意调整，记住最让你舒服的那次感觉。

你一定要告诉自己，我已经有了足够多的练习和努力，每一天都在越来越好，我一定能顺利通过这次考试。

坚持练习至少两天，你会发现自己的焦虑和恐惧在慢慢地降低。

如果文字的方式不能很好地帮助你，你可以告诉父母你需要专业人士的协助，以帮助你更好地练习和掌握应对考试紧张的方法。

管不住自己怎么办

往大了说，管住自己需要意志的长期努力：再好的学习计划，无法坚持也是没有效果的；再好的人生蓝图，三天打鱼两天晒网，也无法实现。

往小了说，管住自己需要对自己行为的有意控制：写作业之前心乱如麻，这里抓抓那里挠挠，结果弄得自己很晚才完成作业，觉也睡不好；明明说了自己要控制体重了，看到好吃的冰淇淋还是忍不住一个又一个……

心灵故事：墙上钉，心中刺

有一个男孩脾气很坏，于是他的父亲就给了他一袋钉子，并且告诉他，当他想发脾气的时候，就钉一根钉子在后院的围篱上。第一天，这个男孩钉下了40根钉子。慢慢地，男孩可以控制他的情绪，不再乱发脾气，所以每天钉下的钉子也跟着减少了。他发现控制自己的脾气比钉下那些钉子来得容易一些。

终于，父亲告诉他，现在开始每当他能控制自己的脾气的时候，就拔出一根钉子。一天天过去了，最后男孩告诉他的父亲，他终于把所有的钉子都拔出来了。于是，父亲牵着他的手来到后院，告诉他说："孩子，你做得很好。但看看那些围墙上的坑坑洞洞，这些围篱将永远不能回复从前的样子了。你生气时所说的话就像这些钉子一样，会留下很难弥补的疤痕，有些是难以磨灭的呀！"

"管不住自己"而留下来的那些钉痕，可能留在别人的心上，也有可能，留在你自己的心上。

"管不住自己"其实是一个很大的话题，我们在前面的部分有很多内容都与此有关。不过在这里我们对这个问题的界定更明确：自我控制。

自我控制是一个人对自身心理与行为的主动掌握。它是人所特有的一种特殊的活动。人的活动就其针对性而言有两种：一种是针对客观世界的，人通过各种物质工具与技术手段改造客观世界，从而达到控制客观世界的目的；另一种则是针对主观世界的，使用自我命令、要求、规范、行为习惯等方式来有意识地调控自己，从而达到控制自身心理和行为的目的。自我控制水平的高低是与一个人的个性品质和自身锻炼密切联系着的。自控力是人类最实用的技能之一，我们依靠它来抵抗诱惑。那么怎样提高自控力呢？

● 合理满足自己的期望 ●

自我控制并不是说要强迫自己一定得做什么——你需要弄明白，有的事情需要意志，而有的时候你只是需要更加合理地安排完成任务的顺序和时间而已。

在进行自我控制的时候，你得弄明白它到底是什么，它是如何发生、怎样产生作用的，然后你才能决定怎么去应对它。

比如冰淇淋这种美食，在炎炎夏日，适当地来上那么一份简直就是身在天堂。不过我们都知道它含有大量的糖分和热量，吃下去是很可能会发胖的，特别是晚上，大吃特吃冰淇淋，那种催肥效果简直就是立竿见影。

那么下一个问题：我们是如何吸收糖分并将之转化为热量和脂肪的呢？你得明白，热量转化为脂肪一般会发生在你的身体不需要消耗热量的时候。而这时候如果你吸收了大量的热量，身体就会把这些能量转化为脂肪储存起来。

搞清楚以上两点后，怎么调节就很简单啦！只要在我们的身体消耗热量的时候，吃好吃的冰淇淋来提供热量不就好了吗？早上10点左右和下午3～4点，当我们的身体消耗了很多能量，又一时没到正常的吃饭时间时，来一份小小的冰淇淋或者低糖冰淇淋，又或是一份小甜点，既能满足对美食的需求又能满足身体对能量的正常需要——不仅吃得很开心，及时提供的能量还可以帮助你更好地应对接下来的学习和生活呢！

你看，只要能够合理地满足自己的期望并选择科学的方式进行调整，很多看起来似乎需要艰苦克服的事情一下子就变得轻松愉快了，不是吗？

最直接的方法是运动

身心是交互反应的，合理的运动能够更好地帮助我们调节精神状态。比如，进行半小时的慢跑，骑一小时的脚踏车。如果你有兴趣，广场舞也可以起到同样的效果。

除了身体大肌肉的运动外，小肌肉的运动也可以起到很好的效果。如果你不是那么喜欢流一身汗的话，也可以选择游泳、瑜伽，甚至在家练习毛笔字。

长时间的、需要坚持和努力的运动能在很大程度内提升你“控制自己身体”的能力；而在身体控制能力提升的同时，你也会很快发现，你控制自己完成其他任务的能力也会随之上升。

自我控制方法：抽象推理法

俄亥俄州立大学藤田博士和他的同事们认为：抽象思维和心理距离对于自我控制力尤其重要。自我控制能力能够通过发展这样一些思维模式而提高：

① 全局观。这意味着努力关注树林而不是树木：看到大局，明白我们每一步的行动只是一个主要计划或者目标的一小步。例如，想要饮食健康的人应该关注最终的目标，每一个关于吃什么的决定是如何积极（或者消极）影响这个目标的。

要记得你的最终目标，而不是把自我控制的专注力放在琐碎的事情上。

比如你的目标是保持良好的体态，这就需要适当的运动、均衡的饮食和良好的作息习惯，而这些都是需要一定的意志努力的。

② 抽象推理。这代表着努力避免思考正在经历的情况的具体细节，而是想着你的行动如何符合整个框架。那些想要为自己的锻炼计划增加更多自我控制力的人，也许可以试着少想一些锻炼的细节，而更多关注理想身材的抽象视觉印象。

拓展阅读：神奇的打扫卫生自我控制法

如果你觉得心情不好或是无法自我控制，那就请你去打扫卫生。把整个房间从天花板到桌子角打扫得干干净净，把窗户抹得透明透亮，书桌收拾得条理分明。

好了，这一番折腾下来，你会惊奇地发现自己心情大好！

为什么会这样呢？

心理学中有个现象叫作“破窗效应”，就是说，一个房子如果窗户破了，没有人去修补，隔不久其他的窗户也会莫名其妙地被人打破；一面墙，如果出现一些涂鸦没有被清洗掉，很快地墙上就会布满乱七八糟、不堪入目的东西；一个很干净的地方，人会不好意思丢垃圾，但是一旦地上有垃圾出现之后，人就会跟着扔，丝毫不觉羞愧。这真是很奇怪的现象，但如果你仔细在生活中观察一下，会发现的确如此。

所以，一个窗明几净、井井有条的环境，可以给你带来更好的心情，并更好地控制自己。现在你明白为什么了吗？

小到自己的房间，大到人生和社会，任何坏事如果在开始时没被阻拦，形成风气后，那就很难改掉了。就好像河堤，一个小缺口没有及时修补，可以崩坝，造成千百万倍的损失。

不太想读书了怎么办

现在请思考一个认真的、你的爸妈看到会很“头大”的话题：如果有那么一天，不太想读书了，怎么办？可以肯定的是：不太想读书这个问题，很常见，也很正常。

为什么要读书？

很多新闻和网络消息会告诉你说，很多人大学都没读完，也取得了巨大的成就。比如比尔·盖茨，微软的缔造者。这位犀利人士进哈佛读了一阵后干脆辍学自己开公司，最后成为世界上最富有的人之一。所以，好像读不读书没有太大关系，是吗？

来，我们试试正儿八经地“读一次书”——获取信息、筛选分析、系统整理、抽取其中的要点、形成自己的思想——如果到了现在你依然只会背诵书上现成的答案而根本没试过理解答案背后的真实信息，那么，其实你并不会读书。

第一步，掏出你的手机，打开最简单的搜索栏，敲进比尔盖茨的名字。

比尔·盖茨(Bill Gates)，1955年10月28日出生于美国华盛顿州西雅图，企业家、软件工程师、慈善家，微软公司创始人。

比尔盖茨13岁开始计算机编程设计，18岁考入哈佛大学，一年后从哈佛退学，1975年比尔盖茨与好友保罗艾伦一起创办了微软公司，比尔盖茨担任微软公司董事长、CEO和首席软件设计师。

比尔盖茨1995—2007年连续13年成为《福布斯》全球富翁榜首富，连续20年成为《福布斯》美国富翁榜首富。

2000年，比尔盖茨成立比尔和梅琳达·盖茨基金会，2008年比尔盖茨宣布将580亿美元个人财产捐给慈善基金会，2014年比尔盖茨辞去董事长一职。

(以上内容来自百度百科)

太酷了对不对？我们已经完成了获取信息的第一步，姑且不论信息的质量和来源是否丰富，至少也是一个信息。

现在请你摸一支笔出来，如果这本书是你自己的，你可以直接在书页上面，把你注意到的重点画出来；如果这本书不是你的，你可以试着用眼睛画一下。

比尔·盖茨(Bill Gates)，1955 年 10 月 28 日出生于美国华盛顿州西雅图，企业家、软件工程师、慈善家，微软公司创始人。

比尔盖茨 13 岁开始计算机编程设计，18 岁考入哈佛大学，一年后从哈佛退学，1975 年比尔盖茨与好友保罗艾伦一起创办了微软公司，比尔盖茨担任微软公司董事长、CEO 和首席软件设计师。

比尔盖茨 1995—2007 年连续 13 年成为《福布斯》全球富翁榜首富，连续 20 年成为《福布斯》美国富翁榜首富。

2000 年，比尔盖茨成立比尔和梅琳达·盖茨基金会，2008 年比尔盖茨宣布将 580 亿美元个人财产捐给慈善基金会，2014 年比尔盖茨辞去董事长一职。

（以上内容来自百度百科）

你画出来的是不是和这个差不多？

如果你是这么画的，那么你能够提取最基础的信息，也体现出在这个年纪的你关注的重点：不读大学也可以成为世界首富！

好了，请你继续往下看。

比尔·盖茨(Bill Gates)，1955 年 10 月 28 日出生于美国华盛顿州西雅图，企业家、软件工程师、慈善家，微软公司创始人。

比尔盖茨 13 岁开始计算机编程设计，18 岁考入哈佛大学，一年后从哈佛退学，1975 年比尔盖茨与好友保罗艾伦一起创办了微软公司，比尔盖茨担任微软公司董事长、CEO 和首席软件设计师。

比尔盖茨1995—2007年连续13年成为《福布斯》全球富翁榜首富，连续20年成为《福布斯》美国富翁榜首富。

2000年，比尔盖茨成立比尔和梅琳达·盖茨基金会，2008年比尔盖茨宣布将580亿美元个人财产捐给慈善基金会，2014年比尔盖茨辞去董事长一职。

（以上内容来自百度百科）

在这次画出的“重点”中，你又看出了什么？

这位老兄13岁开始就知道自己的兴趣和未来的人生方向是什么，并且开始努力做准备了。

成功的道路上，有一位叫保罗·艾伦的好朋友，一起创业。

在成为董事长之前，他自己首先是首席软件设计师和软件工程师。

首富并不是这位牛炸天的人士最终的选择，他最终选择捐出580亿美元的个人财产。现在他并不仅仅是曾经的首富，更是世界上最知名的慈善家之一。

他的目标、同伴、实力、理想，你看到了吗？

我们继续。以下所有信息你同样可以通过百度搜索到。

1955年10月28日，比尔·盖茨出生于美国西海岸华盛顿州的西雅图的一个家庭，他的父亲威廉·亨利·盖茨（William Henry Gates, Sr.）是当地的著名律师，他过世的母亲玛丽·盖茨（Mary Maxwell Gates）是华盛顿大学董事、银行系统的董事以及国际联合劝募协会（United Way International）的主席，他的外祖父J. W. 麦克斯韦尔（J. W. Maxwell）曾任国家银行行长。

盖茨曾就读于西雅图的公立小学和私立的湖滨中学，在那里他发现了他在软件方面的兴趣并且在13岁时开始了计算机编程。

17 岁的时候，盖茨卖掉了他的第一个电脑编程作品——一个时间表格系统，买主是他的高中学校，价格是 4200 美元。

盖茨在 SAT（美国大学入学考试）标准化测试中得分 1590，其满分 1600。

盖茨告诉他的大学老师他要在 30 岁的时候成为百万富翁，而在他 31 岁的时候他已经成为亿万富翁。也就是说盖茨知道自己以后会很有钱，但没想到会这么有钱。

1973 年，盖茨考进了哈佛大学，和史蒂夫·鲍尔默（后微软首席执行官）结成了好朋友。在哈佛的时候，盖茨为第一台微型计算机 MITS Altair开发了 BASIC 编程语言的一个版本。

盖茨称："在我看来，大学完全是为我设计的。我收看了大量来自麻省理工学院的公开课，数量超过我所知道的任何人。我当年离开学校并非因这个环境不适合我，而是因为当时我想迅速抓住微软发展的机会。在我辍学时，我已经完成三年大学学业，如果我利用已获得的学分的话，我其实当时就可以毕业了。因此我并非是一个真正的辍学生。"

盖茨的创业伙伴保罗·艾伦，他的父亲是华盛顿大学图书馆的助理管理员。因为这种得天独厚的条件，艾伦读过许多书，包括科幻和计算机知识，这也许是他成功的关键。中学时，艾伦迷上了计算机，由于这个共同爱好，艾伦与比他低两个年级的盖茨成了好朋友。他们经常一起研究、讨论计算机，甚至比赛编程。盖茨和艾伦这对志同道合的天才在一起的交流使艾伦思维更敏捷，头脑更灵活。

现在，你的感觉怎么样？

你可以用这样的步骤去分析你的偶像，他/她为什么那么成功？

有些体育明星、影视明星虽然学历并不高，但他们付出的汗水和背后的艰辛，并不比其他的成功者少。他们读的是"世间百态"这本书，远比我们看到的任何一本纸质的书厚。

结束小小的练习后,请回到主题上来——我们为什么要读书?

读书到底是什么

读书并不是背诵中学课本上的课文、哪个国家在地图上的哪里、1361 年到底发生了什么事情、甲午海战的过程和结果——这并不是读书——这只是读书的一部分,即获取信息。

你获取的信息来源越丰富、细节越清晰,那么,你在这些信息中可以提炼和发现的东西就越多。而且当你的世界越广阔,你才有选择的基础——去找到那些你真正感兴趣的东西,其中就有你的人生目标和理想。

"读万卷书,行万里路。"先贤是想告诉你:可以二选一,全选是最好的! 最终的目的都是开阔视野,这样你才有选择的基础。

然后你得学会筛选分析。现今世界获取信息的渠道实在是太丰富了,书籍、电视、新闻、网络、手机,随便打开哪一个,山呼海啸一般的信息立刻呈现在你的眼前。但你得知道哪些是自己要的,而哪些可以完全不在意。对你的目标专注,寻找相关的信息,进一步精选,进行系统整理,这样才便于你抽取要点。

最终在你搜集和思索的基础上,形成你自己的思想。

值得注意的是,学校传授的学业知识,都只是信息的一部分而已。你需要做的只是有效地提取这部分信息,然后考试的时候完全用记忆来应对就行了。当你掌握正确的读书和思考的方法,并能够很好地分配自己的时间、控制自己的行为时,你会惊讶地发现:考试并不是你以前认为的那么痛苦。

你读书对于父母的意义

爸妈希望你读书,多读书、读好书,能考进大学、考好大学、考国外的大学,然后呢? 最终的目标是希望你自立,有一技之长，能够养活自己，拥有自己独立的生活。读书读到一定的程度，意味着你可以选择自己想要的生活，有一定的闲钱可以做自己喜欢做的事。

不可否认的是，很多爸妈自己都搞不清楚为什么要你读书。所以他们会用一些并不理智的方法来试图培养你对读书这件事的兴趣，并且扼杀除了学业书本之外的其他学习机会。很认真地说，旅游、打工、社团活动、漫画、电影和电脑游戏实际上都可以帮助锻炼你的意志，看到更广阔的世界，发现你的兴趣，并最终形成你自己思想的一部分。可能你的爸妈并不清楚其他的学习方式，不过相信你可以很好地接受这样的方法。当然，为了安抚紧张的爸妈，你得规划好自己的时间，在考试成绩方面让他们安心。

你，为什么要读书

读书并不是死记硬背课本上的东西，然后在考试的时候搬到卷子上。

读书并不是稀里糊涂地为了应付每天的学习计划却又克制不住自己做其他事情的念头，最后搞得没有半点自己的时间。

读书并不是每天朝九晚五蹲在学校浪费你自己的宝贵时光。

读书并不是因为爸妈希望你读书考个好分数或是考个好学校给他们长脸。

……

读书并不是为了取悦任何人，只是为了你自己。为了找到自己的兴趣和才能所在，为了磨炼出一套你的思维方法，为了在长期反复的

读书的目的可简单分为三种：功利型、逃避现实型和自我需要型。读书的目的不同，收获自然也不同。

学习中形成计划、目标、专注和自我控制的能力，为了找到那些可以在成长的道路中和你并肩前行的伙伴。

中学时期的学习，你会看到很多知识。这些知识是人类在长久的岁月中积累起来的，逻辑清晰、条理清楚。它们会填充你知识结构中最初的那个层面，有了这些基础，你才能更好地选择符合你兴趣的方向。文科的知识将告诉你：社会的期待和道德的导向，期望你成为一个有思想、爱国、诚实、守信、勤奋的人，这样的人在进入社会后经过一定的磨炼就可以安身立命。理科的知识将帮助训练你的逻辑思维：如何去发现问题、解决问题、验证问题。而语言的学习，可以帮助你打开新的世界，更直接、准确地获取那些你感兴趣的信息。

反复而逐层递进的知识体系虽然古老而刻板，但它会逐渐帮助你打磨学习的方法、进一步确认自己的兴趣。通过每一天反复的学习安排，锻炼你坚持计划、保持专注的意志力。一旦你发现了自己真正的兴趣所在，那平时磨炼出的意志力就可以更好地协助你奔向心中的目标。

当你弄明白中学的知识到底想要告诉你什么之后，你就可以开始思考大学可以给你提供什么了。

不可否认，现在很多大学的课堂只会教你一些干巴巴的知识——这些干巴巴的东西你完全可以通过收看那些很棒的公开课程（如果你英语很棒，你完全可以直接收看麻省理工学院、耶鲁大学、哈佛大学这些世界一流学府提供的公开课来进行学习）或自己在图书馆阅读轻松地获得。

你读大学并不是为了把高中重复一遍或者晚四年进入社会工作——读大学不是这样的！如果你搞不清楚，你可以看看下面的内容，试着想象一下。

大学可以给你提供什么？

大学可以提供给你的资源之一：更多可以自由支配的时间和空间

大学不会再有像中学那样严密的学习计划，很多学校不再安排早读和晚自习,自由支配的时间很多。老师也不会再跟在你背后盯着你,为你期末考试是得60分还是100分焦虑紧张了。很多时候除了上课和系部开会,你根本看不到老师在哪里。

还有好些人一开始的时候甚至没有目标了——高考结束了,考上大学了,现在的我要做啥? 这个"要做啥"你可以在学习最初的知识基础的时候去发掘。要是小学和中学时期的基础还不够,那么进入大学之后,请你认真地体验和发掘:我到底要做啥。

大学可以提供给你的资源之二:独立、社会交往和友谊

来自五湖四海的人住进同一间宿舍里,每天朝夕相处。不像在家里那么自在,也没有满面笑容的爸妈会给你提供合你口味的热气腾腾的饭菜了,你得在食堂开张的时间老老实实地去吃那些可能一开始你不太能接受的大锅饭。学会自己洗衣服、收拾床铺衣柜、添置日用品、打扫卫生、换洗被套床单、采购零食宵夜以备不时之需。学会自己照顾自己:头疼脑热这样的小毛病得自己对付,自行车链子掉了自己推去找师傅修理,一个月的生活费怎么花、花在哪儿自己心里得有数。学会怎么和同一个宿舍的室友们相处,互相照顾,互相忍让,体谅彼此,一起学习、一起出游、一起玩耍。如果你中学的时候没有机会尝试,现在你可以开始抽点时间认真体会如何和异性打交道,如何发展一段恋爱关系,如何维持一段恋爱关系,如何找到一起努力的方向。

如果你立志创业开辟自己的新天地,你甚至可以在大学里发掘志同道合的伙伴,一起努力,为未来积蓄你的人脉和支持。"一个好汉三个帮,一个篱笆三个桩",比尔·盖茨也是在读哈佛大学时找到他的合作伙伴史蒂夫·鲍尔默的。

大学可以提供给你的资源之三:丰富的资源

除了图书馆、运动场、游泳馆、自习室这类硬件设施之外,大学还可以为你提供很多软资源：

① 社团活动。不仅可以帮助你找到趣味相投的朋友，还可以锻炼你的社交能力（很多社团为了获得资金和支持，不仅要和同学打交道，还要和老师、学校领导乃至企业、社会媒体打交道）。

② 选修课。五花八门的选修课往往是由该领域颇有心得的老师认真提供的，你完全可以选择那些和专业没什么关系的选修课，开阔视野的同时还可以掌握新技能。

③ 讲座。大学里会经常邀请各领域的专家到校开办讲座，你不仅可以从中了解该领域的尖端前沿研究，更可以了解大师们是怎样成为大师的。站在大师们的肩上，可以看到更广阔的世界！

④ 导师。导师除了指导你怎么完成毕业设计和毕业论文外，还会教给你很多做事的经验；一位好的导师可以为你提供很多学校里面没有的资源；一位让你佩服和敬仰的导师，甚至会帮助你更好地理解自己的人生、理想和前行方向。

所以，你现在大致明白大学可以为你提供什么了吗？理论上，越好的大学，各种资源越丰厚；比较新的大学虽然物质资源不一定特别优秀，但聚集起来的软资源往往更有冲劲和动力。

实际上，读不读书、读大学与否，并不是一个人成不成功的必然条件。一段好的学习经历可以为你提供更多的资源和伙伴，展开更广阔的世界。而一段懂得思考、明确目标、坚持不懈的人生经历，才是成功的必备基础。

一段好的学习经历可以为你提供更多的资源和伙伴，展开更广阔的世界。而一段懂得思考、明确目标、坚持不懈的人生经历，才是成功的必备基础。